【제2판】

사회복지 프로그램 개발과 평가

임중철 · 김선웅

KNOWLEDGE COMMUNITY 공동체

머리말

많이 부족하지만 학생들 눈높이에 맞게 쉽게 교재를 만들면 좋지 않을까 하는 생각으로 집필을 결심하였다. 사회복지 실천현장에서 사회복지사가 갖추어야 할 여러 역량들 중에 가장 중요하고 필요한 기술적 역량은 프로그램을 개발하고 평가하는 능력이다.

그러나 프로그램 개발과 평가 교과목의 경우 대부분 이론 중심으로 수업이 진행되어, 예비사회복지사인 학생들에게 프로그램의 기획을 경험해 볼 수 있는 실기 지도를 받을 기회가 쉽지 않은 것이 현 실정일 것이다. 따라서 이러한 이론과 실기수업을 동시에 병행할 수 있는 내용의 교재가 필요하였고 부족하지만 작은 실천을 해보자는 마음으로 기존 자료를 활용하여 가능하면 쉽고 명료하게 내용을 담아보려 노력하였다.

본 서는 총 3부 10장으로 구성되었으며, 시중에 출판된 교과서보다 내용의 양을 대폭 줄였고 필요한 내용만을 담았다. 또한 강의를 진행하시는 교수님들이 이론과 실기를 15~16주간 병행하여 수업을 진행하기에 적절하고 적당한 내용과 양을 담으려 노력하였다.

부족하지만 본 서가 예비사회복지사인 학생들에게 프로그램 개발과 평가에 대한 이해의 폭을 넓힐 수 있고 더불어 로직모델을 바탕으로 프로포절 작성기술을 익히는 데 기초석이 되길 바란다. 끝으로 책이 출간되기까지 도움을 주신 도서출판 공동체 가족 여러분께 감사를 드린다.

2019년 3월 복사골 소사캠퍼스 연구실에서

대표 저자 임중철

차 례

■ 머리말 / 3

PART 01 사회복지 프로그램의 이해

CHAPTER 01 ▌ 사회복지와 프로그램 기획과 평가의 이해 / 11

1. 사회복지와 프로그램의 개념 11
   1) 사회복지의 개념 11
   2) 프로그램의 개념 13
2. 사회복지 프로그램 기획의 개념과 의의 15
   1) 사회복지 프로그램 기획의 개념 15
   2) 사회복지 프로그램 기획의 의의 17
   3) 사회복지 프로그램의 성격 17
3. 사회복지 프로그램 개발과 평가의 개념 19
   1) 프로그램 개발의 의의 19
   2) 프로그램 평가의 유형과 의의 21
   3) 프로그램 평가의 기본 원칙 25

CHAPTER 02 ▌ 사회복지 프로그램 개발의 접근방법과 개입이론 / 27

1. 사회복지 프로그램 개발의 접근방법 27
   1) 기술적 접근방법 27
   2) 사회·정치적 접근방법 28
2. 사회복지 프로그램의 전통적 개입이론 30
   1) 진단주의와 기능주의 30
   2) 개별개입모델 31
   3) 집단개입모델 33
   4) 지역사회조직개입모델 35

3. 사회복지 프로그램의 통합적 개입이론 ····· 38
1) 임파워먼트모델 ····· 38
2) 4체계모델 ····· 39
3) 강점관점모델 ····· 40
4) 해결중심모델 ····· 41
5) 생태체계이론 ····· 41

CHAPTER 03 ▌ 사회복지 프로그램의 구성요소 / 43

1. 거시적 관점에서의 사회복지 프로그램 구성요소 ····· 43
2. 체계적 관점에서의 사회복지 프로그램 구성요소 ····· 45
3. 사회복지 프로그램 설계의 구성요소 ····· 46

CHAPTER 04 ▌ 사회복지 프로그램 기획의 특성과 유형 및 기획과정 / 49

1. 사회복지 프로그램 기획의 특성 및 필요성 ····· 49
1) 사회복지 프로그램 기획의 특성 ····· 49
2) 사회복지 프로그램 기획의 필요성 ····· 50
3) 사회복지 프로그램의 조건 ····· 51
2. 사회복지 프로그램 기획유형 및 기획과정 ····· 53
1) 사회복지 프로그램 기획유형 ····· 53
2) 사회복지 프로그램 기획과정 ····· 54

CHAPTER 05 ▌ 사회복지 프로그램의 성과관리 / 57

1. 성과측정의 개념 ····· 57
2. 성과측정의 방법 ····· 58
1) 효과성 측정 ····· 58
2) 효율성 측정 ····· 58
3) 품질 측정 ····· 59
4) 성과측정 시 고려 사항 ····· 60

차 례

CHAPTER 06 ▌사회복지 프로그램의 책무성과 효과성 / 63

1. 사회복지 프로그램의 책무성 ··· 63
   1) 책무성 요구의 배경 ··· 63
   2) 책무성의 개념 및 유형 ··· 64
   3) 사회복지의 이념과 가치 ··· 65
2. 사회복지 프로그램의 효과성 ··· 69
   1) 사회복지 프로그램 효과성의 개념과 의의 ··· 69

PART 02 사회복지 프로그램 적용 모델의 이해

CHAPTER 07 ▌체계이론과 로직모델의 이해 / 73

1. 체계이론의 개념 ··· 73
   1) 체계이론의 개념 및 프로그램 구성요소 ··· 73
   2) 체계이론적 관점에서의 프로그램 구성요소 ··· 74
2. 로직모델의 개념과 구성요소 ··· 76
   1) 로직모델의 개념 ··· 76
   2) 로직모델의 구성요소 ··· 78
3. 전통적 서비스 프로그램 모델과 로직모델 비교 ··· 81
   1) 전통적 서비스 프로그램 모델 ··· 81
   2) 전통적 서비스 프로그램 모델과 로직모델 비교 ··· 81

CHAPTER 08 ▌사례적용을 통한 로직모델 이해 / 83

1. 로직모델의 사례적용 ··· 83
2. 좋은 프로그램의 조건 ··· 88

PART 03 사회복지 프로그램 개발 및 프로포절 작성 방법

CHAPTER 09 ▌사회복지 프로그램 개발 / 93

1. 프로그램명 선정 ……93
   1) 프로그램명 구성요소 ……93
   2) 프로그램명 구성요소 분석 실습 ……97
2. 문제 확인 및 사업 필요성 ……103
   1) 문제 확인 ……103
   2) 욕구파악 ……114
   3) 사업의 필요성 ……123
3. 대상자 선정 ……128
   1) 프로그램 대상자 선정 과정 ……128
4. 목적과 목표 설정 ……139
   1) 목적과 목표의 개념 ……139
   2) 목표의 기능 및 유형 ……141
5. 프로그램 활동 내용 구성 ……146
   1) 프로그램 세부 활동 ……146
   2) 프로그램 세부 활동 실제 사례 ……149
6. 예산수립 ……155
   1) 예산과 예산계획 수립 ……155
   2) 사회복지 재원의 종류 ……156
   3) 프로그램 예산 편성 ……159
   4) 예산 및 결산 보고 ……161
7. 평가 및 향후 계획 ……164
   1) 프로그램 평가의 개념 ……164
   2) 프로그램 평가의 목적 ……166
   3) 프로그램 평가의 유형 ……167
   4) 향후 계획 ……168

차 례

CHAPTER 10 ▎프로포절 작성 방법 / 171

1. 프로포절 개요 ······171
2. 프로포절 작성 전 유의 사항 ······173
3. 프로포절 작성 방법 요약 ······174
   1) 성과중심형 ······174
   2) 성과확산형 ······174
   3) 산출중심형 ······175
   4) 기능보강형 ······175

■ 부 록 / 199

부록 1. 사회복지공동모금회 ······201
부록 2. 삼성복지재단 ······220
부록 3. 아산사회복지재단 ······229
부록 4. KT&G 복지재단 ······236
부록 5. 중부재단 ······240
부록 6. 농어촌희망재단 ······243
부록 7. 재단법인 바보의 나눔 ······244
부록 8. 한국지엠한마음재단 ······245
부록 9. 한국타이어나눔재단 ······246
부록 10. KDB나눔재단 ······247

■ 참고문헌 / 248

■ 찾아보기 / 250

PART 01

사회복지 프로그램의 이해

제1장 사회복지와 프로그램 기획과 평가의 이해
제2장 사회복지 프로그램 개발의 접근방법과 개입이론
제3장 사회복지 프로그램의 구성요소
제4장 사회복지 프로그램 기획의 특성과 유형 및 기획과정
제5장 사회복지 프로그램의 성과관리
제6장 사회복지 프로그램의 책무성과 효과성

CHAPTER 01

사회복지와 프로그램 기획과 평가의 이해

1. 사회복지와 프로그램의 개념

1) 사회복지의 개념

현대 산업사회에서의 사회복지라는 용어는 사회문제와 밀접하게 연관되어 사용되어 왔으며, 사회복지의 개념은 각 시대와 국가의 역사적 배경에 따라 다르게 정의되어 왔다. 특히 시시각각 변화하는 현대사회에서는 복잡 다양한 형태로 사회복지활동이 전개되어 모든 국가 및 사회에서 공통적으로 사회복지를 정의하기는 쉽지 않다.

또한 사회복지는 그 속성상 경제학, 사회학, 정치학, 행정학 등의 여러 분야의 사회과학을 바탕으로 응용된 영역이어서 명확한 정의를 내리기가 쉽지 않고, 사회 환경 변화 속도와 맞물려 그 개념도 통합적이면서 확장성이 있어 개념 또한 진화 발전하고 있기 때문에 합의된 정의를 내리기가 쉽지 않다. 그러나 사회복지 정책 및 실천 영역의 확장으로 사회복지의 기능과 역할적 측면에서 지향하는 바가 명확해졌고, 사회과학의

학문 간의 영역 또한 융합적 및 통합적 방향으로 발전하고 있어 포괄적이고 통합적 견지에서 개념적 정의를 할 수 있을 것이다.

따라서 4차 산업혁명 시대에서의 사회복지 개념은 융합적이고 통합적 개념으로 제시되어야 할 것이다. 다만, 본 서에는 합목적적 측면과 방법적 측면에서의 사회복지 개념에 대해 제시하였다.

사회복지(social welfare)는 social + welfare의 합성어이다. 사회적(social)이란 관계성(사람과 사람)을 의미하며 여기서 관계성이란 개인 단독의 복지를 의미하는 것이 아니라 개인과 개인의 관계성을 통하여 우리 모두의 복지를 이루자는 의미를 내포한다. 그리고 복지(welfare)란 well(satisfactorily, successfully, properly) + fare(state of things)의 복합명사로, 만족스러운/성공적인/ 적절한 상태, 즉 안녕(安寧)한 상태를 의미한다.

따라서 사회복지의 궁극적 목적은 개인 또는 개인과 개인 간의 관계 속에서 모두가 평안하고 만족스러운 상태를 추구하는 것이다. 국내외 학자들마다 사회복지의 개념 정의가 조금씩 다르게 표현되기는 하지만 공통적으로 포함되는 주요 단어가 있음을 발견할 수 있다. 즉, 사회복지의 주요 단어는 인간(人間), 안녕(安寧, well-being), 국가 또는 민간, 총체적 사회서비스, 제도와 실천으로 제시할 수 있으며, 이를 바탕으로 사회복지(social welfare)란 "인간의 안녕한 상태를 유지하기 위하여 국가 또는 민간이 총체적 사회서비스를 제도화하고 실천하려는 사회적 노력"이라 정의할 수 있다.

2) 프로그램의 개념

프로그램의 사전적 의미를 살펴보면 목록, 순서, 또는 예정 계획이라는 뜻을 가지고 있다. 프로그램에 대한 학자들의 정의를 살펴보면 Baker(1995)는 "해야 할 일에 관한 계획과 지침"이라 하였으며, Rapp과 Poertner(1992)는 "하나의 목적달성을 위한 여러 활동의 집합체"라 정의하였다. Patti(1983)는 "조직의 설립이념 또는 사명을 충족시키기 위한 서비스 기술이 클라이언트 집단에 적용되는 활동이 이루어지는 체계"라 정의하였으며, Royse와 그의 동료들(2001)은 "특정한 목표달성을 위한 조직화된 활동의 체계"라 정의하였다. 정무성(2017)은 프로그램(program)과 프로젝트(project)를 구분하여, 프로젝트는 하나의 목표를 달성하기 위한 활동으로 구성되는 반면 프로그램은 여러 개의 프로젝트가 모여서 하나의 프로그램을 형성하는 것으로 보았다.

프로그램의 최상위 개념은 정책(policy)이며 이것은 정부의 영역 안에서 다루어질 수도 있고, 프로그램을 운영하는 조직 또는 조직을 운영 관리하는 법인 안에서 다루어질 수 있다.

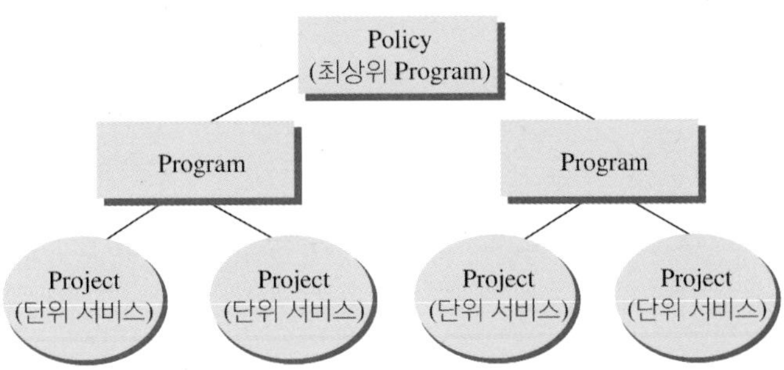

| 그림 1-1 | 사회복지서비스 체계

이처럼 프로그램에 대한 정의가 각 학자들마다 약간의 차이는 있지만 그들이 정의하는 내용을 살펴보면 공통된 주요 단어들을 발견할 수 있다. 앞서 살펴본 학자들의 프로그램의 공통된 정의는 어떠한 무엇을 지향하는 '목적과 목표'가 있으며, 이를 달성하기 위한 '전문적이고 조직적 활동'을 포함하고 있다. 즉, '전문적이고 조직적 활동'은 어떠한 '목적과 목표'를 성취하기 위한 '수단 또는 도구'가 되며 이 세 가지가 프로그램의 개념을 설명하는 주요 핵심 단어임을 알 수 있다.

일반적으로 프로그램의 개념을 학생들에게 물어보면 비영리와 영리 영역에서의 프로그램 개념을 달리 이해하는 경우가 있다. 그러나 프로그램의 개념은 영역에 따라 정의를 달리 구분하지 않는다. 그 이유는 영리 영역이든 비영리 영역이든 간에 프로그램은 각기 목적의 내용은 다르지만 목적(목표)을 향한 방향성은 동일하기 때문이다. 즉, 목적(목표)을 달성하기 위한 수단으로서의 프로그램의 기능은 동일하다는 점이다. 따라서 비영리 영역이든 영리 영역이든 간에 수단 또는 도구로서의 프로그램의 개념은 동일하다. 앞서 설명한 내용을 바탕으로 사회복지 프로그램의 개념을 정리하면 '사회복지의 목적을 달성하기 위한 도구/ 수단/ 방법의 합'이라 정의된다.

2. 사회복지 프로그램 기획의 개념과 의의

사회복지의 궁극적 목표는 개인과 사회를 정적 방향(+)으로 변화시키는 것이며, 이러한 목표 달성을 위해 프로그램이라는 도구를 활용한다. 사회복지 프로그램은 사회복지의 궁극적 목적을 달성하기 위한 변화의 매개체이다. 즉, 좋은 사회복지 프로그램은 사회복지의 의도된 목적을 달성할 수 있는 것이어야 하며 목적 달성의 여부는 기획자의 기획능력에 따라 결정된다. 여기서 의도적이란 합목적성(合目的性)을 내포한다는 의미, 즉 변화를 위한 목적(목표)을 내포하고 있다는 의미이다.

이와 같이 기획은 실천가들이 사회복지 목적을 달성하는 시작점이라 할 수 있다. 이처럼 사회복지 분야뿐 아니라 모든 영역에서 기획은 매우 중요한 개념이며 중요한 능력이다. 그러나 이렇게 중요한 개념임에도 불구하고 기획의 개념을 정확히 설명하는 것이 쉽지 않고, 계획과 혼용하여 사용하는 것이 일반적이다. 다음은 기획의 개념과 의의에 대해 살펴보고자 한다.

1) 사회복지 프로그램 기획의 개념

기획(企劃, planning)의 사전적 의미는 '어떠한 일을 꾀하여 계획하는 것'으로 제시되어 있다. 기획은 긍정적 변화를 추구하고 달성하기 위해 기획자가 수요 및 환경 분석을 통해 자신의 실무 역량을 발휘하여, 실무자의 기획 의도가 투입된 계획과정이다. 기획은 한마디로 계획을 수립하는 과정이라 할 수 있으며, 기획자가 의도하는 목표를 달성하기 위해 행하는 구상, 제안, 실천의 모든 업무를 포괄한다. 또한 기획과정을 통해 아이디어의 완성도를 높일 수 있으며, 여러 대안들 중 최선의 대안을 선택하는 과정, 즉 의사결정과정이라 할 수 있다. 이처럼 기획은 창조적 활동이며 어떠한 목적을 달성하기 위한 수단 또는 방법을 찾아 계획을 수립하고 집행하는 과정이라 정의할 수 있다. 계획은 이러한 기획과정을 통해 얻어진 결과물 정도로 이해하면 좋을 듯하다.

기획자에게 가장 중요한 것은 참신한 아이디어를 포함한 기획 능력(planning skills)이다. 기획력은 기획자의 창조적 아이디어와 더불어 이를 논리적으로 설명할 수 있는 기술 능력(descriptive ability)이 필요하다. 이와 더불어 실천 현장에 적용 가능해야 하므로 현실성이 있어야 하며, 이를 실천에 옮길 수 있는 기술과 실천력이 필요하다.

기획자의 기획력(planning skills)은 참신한 아이디어와 수집된 정보를 통하여 주어진 문제 또는 과제를 해결하는 목표 지향적 행위이다. 이러한 기획력을 바탕으로 기획자는 기획서를 작성한다. 이러한 기획서는 목표를 달성하기 위한 각본이며, 기획 내용을 전달하기 위한 의사소통 수단이라 할 수 있다.

정리하면 프로그램 기획이란 조직의 실무자가 구체적 프로그램을 설계하기에 앞서 언제, 어디서, 무엇을, 왜, 어떻게 해결할 것인가에 대한 계획을 수립하는 과정이라 정의할 수 있다.

따라서 사회복지 프로그램 기획이란 클라이언트의 문제 및 욕구해결을 통한 삶의 질 향상이라는 궁극적 변화의 목표를 효과적으로 달성할 수 있도록 그 내용과 방향을 수립하는 과정이다. 이러한 사회복지 프로그램 기획은 합리성과 책임성 증진을 목적으로 시행하는 것이 바람직하다.

2) 사회복지 프로그램 기획의 의의

사회복지 프로그램 기획은 결론적으로 클라이언트의 긍정적 변화를 목표로 하는 계획과정이다. 즉, 사회복지 프로그램 기획은 클라이언트의 현 상태를 보다 정적(+) 방향으로 변화시키는 계획과정이다. 따라서 기획자는 기획과정을 통해 클라이언트의 환경과 그들의 문제와 욕구를 정확히 파악하는 것이 중요하며, 이를 토대로 자신의 역량을 최대한 쏟아내야 한다.

여기서 명심해야 할 부분은 사회복지 프로그램 기획은 프로그램 공급자 중심의 설계는 지양(止揚)하고 프로그램 수요자 중심의 설계를 해야 한다는 것이다. 이것은 프로그램 기획의 가장 기본이며 핵심이라 할 수 있다.

정리하면 사회복지 프로그램 기획의 의의는 복지서비스 소비자인 클라이언트의 현 상태를 보다 정적(+)인 방향으로 변화시키는 데 있으며, 이들의 삶을 보다 좋은 방향으로 이끌어 내는 창조적 과정이라 할 수 있다. 따라서 사회복지 프로그램 기획은 클라이언트의 삶을 변화시키는 매개체로서 의의가 있다.

3) 사회복지 프로그램의 성격

사회복지 프로그램의 성격은 사회복지 활동의 기준으로 설명할 수 있다. Wilensky와 Lebeaux(1965)는 현대 산업사회에서 사회복지 활동의 기준 다섯 가지를 제시하였다. 즉, 사회적 승인과 사회적 책임, 공식적 조직, 이윤추구의 배제, 인간의 욕구에 대한 통합적 관심, 인간의 소비욕구에 대한 직접적 관심을 사회복지활동의 기준으로 제시하였으며, 그 내용을 자세히 살펴보면 다음과 같다.

첫째, 사회복지활동은 사회적 승인과 사회적 책임을 지는 활동이어야 한다. 즉, 사회복지활동은 사회적으로 승인된 목적이 있어야 하며, 사회적 책임을 전제로 공익성이 있는 활동이어야 한다.

둘째, 사회복지활동은 비공식적 조직에 의해서 이루어지기도 하지만 주로 공식적 조직을 통해 제공되는 것이 특징이다. 여기서 공식적 조직이란 일시적이고 단발적인 원조가 아닌 지속적으로 원조가 가능한 체계를 갖춘 사회복지조직을 의미한다.

셋째, 사회복지활동은 이윤추구를 배제한다. 기본 실비의 이용료를 받는 것을 제외한 시장을 통해 순수 이윤을 추구하는 활동은 사회복지활동에서 제외된다.

넷째, 사회복지활동은 인간의 욕구에 통합적 관심을 가지고 접근하는 활동이다. 즉, 사회복지활동은 사회적, 정신적, 심리적 측면에 통합적 관심을 가지고 다양한 서비스형태로 제공되는 활동이다.

다섯째, 사회복지활동은 집단적 욕구에도 관심을 갖지만, 개인의 삶에 직접적인 영향을 주는 소비욕구에 대한 관심으로부터 출발한다.

3. 사회복지 프로그램 개발과 평가의 개념

1) 프로그램 개발의 의의

사회복지 프로그램 개발의 의의를 사회복지조직의 관점과 서비스 수요자의 관점에서 살펴보고자 한다. 먼저 사회복지조직의 관점에서 프로그램 개발의 의의는 프로그램 성격 안에서 찾을 수 있으며 그 내용을 살펴보면 다음과 같다.

첫째, 사회복지개발은 사회복지조직의 책무성 확보를 위한 수단으로서의 의의가 있다. 즉, 사회복지조직은 정부 또는 민간 자원제공자, 서비스 수요자, 지역사회 등 이해관계 대상들에게 양질의 사회복지 프로그램 개발을 위한 노력을 보여줄 책무가 있으며 이를 통하여 조직의 책무성을 확보할 수 있다. 따라서 이러한 책무성 확보를 위한 노력은 사회복지조직을 더 혁신적으로 진화·발전시킨다.

둘째, 사회복지 프로그램 개발은 사회과학의 창조적 예술 활동으로 과학성과 창조성을 동시에 내포하고 있다. 즉, 프로그램 개발을 위한 과학적 문제 분석과 측정을 통해 대안을 모색하는 과학적이고 창조적인 활동이다. 따라서 사회복지 프로그램 개발은 사회복지 조직 내 사회복지사들의 역량을 프로그램 개발에 집중할 수 있으며, 이를 통하여 사회복지사들의 기획 능력 향상과 더불어 자기개발에 도움이 된다.

셋째, 사회복지 프로그램 개발은 사회복지사 개인의 능력만으로 만들어지는 것이 아니라 조직의 구성원들 간의 의사결정(decision making)과 협업(collaboration)과정을 통해 만들어진다. 의사결정과정을 위한 기법은 브레인스토밍(brain storming), 프로그램 평가검토기법(PERT : Program Evaluation

& Review Technique), 명목집단기법(NGT : Normal Group Technique), 델파이(Delphi) 기법 등이 있으며 사회복지 실천현장에서 널리 활용된다.

브레인스토밍(brain storming)은 자유연상기법 또는 눈 굴리기 기법이라고도 하며 1939년 Alex F. Osborn과 그의 동료들이 창안한 기법이다. 문제 해결을 위해 팀 구성원 모두가 함께 참여하는 방법으로, 한 가지 문제를 해결하기 위해 10명 이내의 팀을 구성하여 자유로운 의견 제시를 통하여 집단의 효과를 극대화하고 아이디어의 연쇄반응을 얻을 수 있는 회의 기법이다.

프로그램 평가검토기법(PERT : Program Evaluation & Review Technique)은 화살표그림법이라고도 하며 프로그램 진행과정을 모니터링하는 데 사용되는 기법이다. PERT는 프로그램의 목표달성을 위한 시간을 정해 놓고, 세부목표 또는 주요 활동과업의 상호관계, 기대시간을 연결하여 도표로 제시하는 기법이다. PERT는 명확한 목표를 가진 프로그램을 조직화하고 진행 시간표를 작성하며, 주요 과업을 설정하고 프로그램 진행 상황을 추적하는 데 매우 유용한 프로그램 관리 도구이다. 최종적인 목적 달성을 위해서 수행하여야 할 모든 개별적인 활동이나 작업을 전체 프로그램과 관련시켜 광범위하게 분석하는 기법이다.

명목집단기법(NGT : Normal Group Technique)은 욕구 또는 문제 해결을 위한 대안 마련을 위해 집단 내 참여자들에게 생각을 할 시간을 부여한 후, 개개인 각자의 아이디어를 순서대로 발표하고 집단 토론을 통하여 집단 구성원들의 생각을 공유한다. 공유된 아이디어를 바탕으로 집단 구성원 모두가 토론 과정을 통하여 최종결론을 거쳐 아이디어 목록에 합의하도록 하는 기법이다. NGT는 주로 집단 구성원들에게 최종 결론을 거쳐 합의된 아이디어 목록 중 우선순위를 매겨 가장 중요한 문제를 확인해 주기 위해 사용되는 기법이다. 우선순위 중 순위의 결과가 같은 경우 평균점수를 구해서 순위를 결정할 수 있다.

델파이(Delphi) 기법은 클라이언트 또는 지역주민들이 가지고 있는 욕구 또는 문제들을 파악하기 위해 우편 또는 전자메일을 통하여 전문가들에게 설문지를 보내어 그들의 의견을 취합하여 프로그램 개발에 적용하는 기법이다.

서비스 수요자(클라이언트) 관점에서 사회복지 프로그램 개발의 의의를 살펴보면 첫째, 클라이언트의 욕구 또는 문제를 프로그램 개발을 통해 해결할 수 있으며 서비스 수요자의 긍정적인 방향으로 삶을 변화시켜 주는 데 의의가 있다.

둘째, 사회복지 프로그램 개발은 개인, 집단을 포함한 지역사회 복지 환경을 변화시키는 데 일조할 수 있으며, 지역사회 발전에 의미 있는 사회복지 조직의 전문 활동이라 할 수 있다.

2) 프로그램 평가의 유형과 의의

평가의 사전적 의미는 '사물 또는 그 속성에 대한 가치판단'을 의미한다. 따라서 어떤 사물 또는 그 속성에 대한 가치판단을 하자면 반드시 준거(criteria) 또는 표준(standard)이 존재해야 한다. 평가(evaluation)는 논리적이고 과학적인 사정방법을 사용하여 정책 또는 프로그램의 효용성을 향상시키고자 하는 의도적 노력 과정이며 이는 효용성과 과학적 접근방법이 강조된다.

사회복지 영역에서의 평가의 의미는 사회복지 프로그램 또는 기관의 계획, 수행, 성과 등의 제반 활동들에 대해 체계적으로 가치 판단하는 것을 의미한다. 즉, 평가는 '서비스 수요자인 클라이언트에게 욕구에 부합하는 서비스를 적절하게 제공하는가?', '서비스 제공의 효과성과 효율성은 어떠한가?' 등을 파악하는 사회복지 행정관리 수단이라 할 수 있다.

따라서 사회복지 프로그램 평가란 '사회복지 조직의 전체 또는 선별된 프로그램의 효율성과 효과성, 적절성을 객관적이고 체계적인 방법을 통하여 검토하는 과정'이라 정의할 수 있다.

사회복지 프로그램 평가가 갖는 의의는 첫째, 사회복지 실천에 있어 프로그램 운영 주체에게 부여된 정당성을 확보하기 위한 책무성을 증진시키기 위함이다.

둘째, 사회복지 조직 또는 프로그램을 기획 운영하는 사회복지사 개인의 신념체계(belief system)는 프로그램 개발과 평가에 매우 중요한 영향 변수로 작용한다. 따라서 평가를 통해 사회복지 실천 윤리를 포함한 신념체계를 점검해 볼 필요가 있다.

셋째, 사회복지 프로그램 평가가 갖는 의의는 서비스 수요자들의 프로그램에 대한 유용성 및 효과성 등을 평가함으로써 소비자 중심의 프로그램을 개발하기 위함이다.

넷째, 사회복지 프로그램 평가가 갖는 의의는 평가를 통해 나타난 문제점 및 오류 등을 개선할 수 있는 기회를 제공함으로써 더 나은 프로그램 개발을 위한 지식 및 기술적 노하우(know-how)를 축적할 수 있다.

프로그램 평가의 유형은 평가의 목적 또는 전문가들이 보는 관점에 따라 다양하게 제시되고 있으나 본 서에서는 정무성(2017)이 제시한 평가방법과 운영과정이라는 두 가지 기준에 따라 평가 유형을 제시하였다.

먼저 평가방법을 기준으로 한 유형에 대해 살펴보면 다음과 같다.

평가방법을 기준으로 한 유형은 목표 지향적 접근방법, 실험적 접근방법, 이용자 지향적 접근방법, 의사결정 중심적 접근방법, 반응적 접근방법이 있다.

첫째, 목표 지향적 접근방법(goal-oriented approach)은 프로그램의 목표를 명확히 설정하고 그 달성 여부를 평가하는 방법이다. 이 방법은 측정도구 선택이 목표에 따라 결정된다. 대표적인 예는 목표달성 척도(GAS : Goal Attainment Scaling) 등이 있다. 목표 지향적 접근방법은 지나치게 국한된 목표달성에만 초점이 맞추어져 있어 사회복지조직 전체의 양적·질적 수준을 평가하는 데 한계가 있다.

둘째, 실험적 접근방법(experimental approach)은 평가의 초기 단계 접근방법으로 엄격한 실험설계방법을 사회복지 프로그램 평가에 적용하는 것이다. 이 방법은 통제집단과 실험집단을 상호 비교하여 인과적 관계 도출을 통하여 객관성과 과학성을 확보하려는 방법이다. 실험적 접근방법의 한계점은 사회복지 실천현장에 엄격한 인과관계 도출이 현실적으로 적용하기 어렵다는 점이다.

셋째, 이용자 지향적 접근방법(user-oriented approach)은 평가와 유용성 측면을 강조하는 방법이며, 다양한 이해집단들 간의 상호 관계성을 강조한다. 장점은 프로그램이 서비스 이용자 중심으로 운영된다는 점이고, 이에 반해 한계점은 이해당사자들이 프로그램에 대한 압력단체로 부상할 가능성이 높다는 점이다.

넷째, 의사결정 중심적 접근방법(decision-focused approach)은 관리상의 의사결정과 프로그램 수행을 모니터링하기 위해 체계적인 정보수집과 분석을 강조하는 방법이다. 이 방법은 평가과정에 평가자가 적극적이고 심도 있는 참여를 통하여 정확한 정보수집이 가능하다. 의사결정 중심적 접근방법의 한계점은 평가자가 너무 밀착되어 있어 객관성이 훼손될 가능성이 높으며, 동시에 평가자가 일종의 의사결정권자로 변질될 가능성이 높다.

다섯째, 반응적 접근방법(responsive approach)은 이용자 지향적 방법과 의사결정 방법을 결합한 것으로 다양한 이해당사자들의 개인적 인지와 기대, 가치들을 포함한다. 접근 방법은 인터뷰, 관찰, 사회관계망 분석 등의 질적 방법을 활용한다. 장점은 다양한 이해관계자들의 관점에서 다룰 수 있다는 것이고, 한계점은 객관성 부족과 더불어 성과를 고려하기 어렵다는 점이다.

다음은 운영과정을 기준으로 한 유형에 대해 살펴보고자 한다. 운영과정을 기준으로 한 유형은 과정중심의 과정평가(형성평가), 결과중심의 목표 지향적 총괄평가, 과정평가(형성평가)와 총괄평가를 혼합한 통합평가가 있으며 그 내용을 살펴보면 다음과 같다.

첫째, 과정평가(process oriented evaluation)는 프로그램 형성 자체에 초점을 두기 때문에 형성평가(formative evaluation)라고도 한다. 과정평가는 프로그램 운영 과정 중에 이루어지는 평가로서 프로그램 운영 과정에서 문제점 및 오류를 발견하여 프로그램 수정 및 보완을 통해 서비스 질의 향상과 효율성 증진을 목적으로 하는 평가방법이다. 이 평가방법은 프로그램을 수정·보완하거나, 평가 내용에 따라 프로그램을 중단·축소·유지·확대 여부를 결정하게 된다.

둘째, 총괄평가(summative evaluation)는 목표 지향적 평가방법으로서 프로그램 종료 후 성과(outcomes)와 영향(impacts)을 파악하기 위해 활용하는 평가 방법이다. 즉, 이 방법은 연역적 접근방법으로 사회복지조직의 프로그램의 목표를 얼마나 잘 달성했는가의 여부를 평가하는 방법이다. 총괄평가에는 효과성 평가, 효율성 평가, 공평성 평가 등이 있다.

기타 평가 유형으로는 평가 주체에 따라 내부평가와 외부평가가 있으며, 자료수집 방법에 따라 양적 평가(quantitative evaluation)와 질적 평가(qualitative evaluation)가 있다. 평가시기에 따라 사전평가, 과정평가, 사후평가가 있다.

3) 프로그램 평가의 기본 원칙

프로그램 평가의 네 가지 주요 요소는 평가 철학, 측정도구, 평가수행 절차, 평가결과의 활용이다. 이 중 프로그램 평가에서 가장 중요하게 생각해야 하는 요소는 평가의 기본 철학 또는 가치이며 이것이 평가의 시작점이 되어야 한다. 일반적으로 평가의 기본 철학은 사회복지 프로그램 개발의 최종 목표인 클라이언트의 서비스의 질 보장을 통한 삶의 질 향상과 관련되어 있다. 따라서 평가의 출발점은 이러한 사회복지 프로그램 개발과 평가의 기본 철학에 대한 질문으로부터 시작된다.

사회복지 프로그램 평가의 기본 원칙은 첫째, 사회복지 프로그램을 운영하는 조직 또는 사회복지사는 정기적으로 평가를 실시하도록 한다. 즉, 프로그램의 성격에 따라 월 평가, 분기별 평가, 반기별 평가, 연 평가 등으로 정기적 평가가 이루어져야 한다.

둘째, 사회복지 조직 또는 프로그램 운영자는 프로그램 평가체계를 가지고 있어야 한다. 평가체계에는 이용자 선정기준, 제공된 서비스 목록, 측정 가능한 목표제시, 목표의 우선순위, 효율성 측정, 효과성 측정, 서비스 이용자 만족도 측정 등이 포함되어 있어야 한다.

셋째, 운영위원회의 평가체계에 대한 적절성에 대한 모니터링이 있어야 한다.

넷째, 평가 정보는 이해당사자들이 이해하기 쉽게 작성되고 공유되어야 한다.

다섯째, 평가체계로부터 얻은 결과는 서비스 이용자들의 서비스 향상에 반드시 반영되어야 한다.

02
CHAPTER

사회복지 프로그램 개발의 접근방법과 개입이론

1. 사회복지 프로그램 개발의 접근방법

Gilbert와 Specht(1977 : 72)는 사회복지 프로그램의 기획과 의사결정에 관한 이론적 접근을 크게 기술적 접근방법과 사회·정치적 접근방법으로 구분하고 각기 다른 접근방법에 따라 의사결정 모델이 다르게 제시된다고 보았다(황성철, 2013). 즉, 사회복지 프로그램 개발과정에 있어 강조점을 어디에 두느냐에 따라 기술적 접근방법과 사회·정치적 접근방법으로 구분할 수 있으며, 이에 따라 기획 및 의사결정 모델이 결정된다.

기술적 접근방법에 강조점을 두는 경우 기획 및 의사결정 모델은 합리모델, 혼합관조모델을 적용할 수 있으며, 사회·정치적 접근방법에 강조점을 두는 경우 기획 및 의사결정 모델은 점증모델, 쓰레기통모델을 적용할 수 있다.

1) 기술적 접근방법

먼저 기술적 접근방법에 강조점을 두는 모형인 합리모델, 혼합관조모델에 대해 살펴보면 다음과 같다.

합리모델(rational model)은 Lindbloom(1959)이 제시한 모델로 이 모델에서의 사회복지 프로그램 개발과 기획과정은 클라이언트의 욕구 또는 문제와 관련된 사실, 이론 등의 분석을 기초로 문제가 정의되고 이를 해결하기 위한 프로그램이 개발되며 실행되는 체계적이고 논리적 과정이라 설명한다. 그리고 프로그램 개발에 있어 기술적 접근방법을 강조하며, 여기에서 프로그램 개발자는 과업을 수행하기 위한 전문기술자의 역할을 수행한다. 합리모델에서 프로그램 개발자는 클라이언트의 욕구와 문제에 관심의 초점을 맞추고 목표달성을 위한 최적의 대안을 마련하도록 노력해야 한다. 합리모델은 프로그램 개발에 있어 사회복지 실천현장에서 적용하기에 이상적 접근방법이기는 하지만 문제의 정의와 해결방안을 모색할 때 사회정치적 과정을 완전히 배제하기 어렵다는 한계점을 가지고 있다.

혼합관조모델(mixed scanning model)은 Etzioni(1964)가 제시한 모델로, 합리모델과 점증모델을 혼합한 형태의 모델이다. 즉, 혼합모델은 조직의 기본계획 또는 장기 프로그램 수립 시 문제의 원인분석과 합리적 대안 모색에 용이한 합리모델의 장점을 활용하고, 세부계획 또는 단기적 프로그램 수립 시에는 협상과 합의 등의 의사결정 과정을 중요시하는 점증모형을 활용한다. 이 모델의 장점은 합리모델의 지나치게 이상적인 합리성을 중화시킴과 동시에 점증모델의 보수성을 극복할 수 있다는 것이다. 이에 반해 조직 구성원의 합의가 없이 진행될 경우 프로그램 개발에 제한이 될 수 있다는 한계성을 가지고 있으며, 이 모델에서 프로그램 개발자는 관리자의 역할을 수행한다.

2) 사회 · 정치적 접근방법

사회·정치적 접근방법에 강조점을 두는 경우 점증모델과 쓰레기통모델을 적용할 수 있다. 점증모델(incremental model)은 상호작용적 과업 수행을 위해 의사결정과정을 중요시하며 필연적으로 사회정치적 과정을 중요시하는 모델이다. 이 모델에서 프로그램 개발자는 옹호자의 역할을 수행하며, 한계점으로는 사회정치성을 강조하기 때문에 체계성과 과학성이 결여된다는 점을 들 수 있다.

쓰레기통모델(garbage can model)은 Cohen과 March가 제시한 모델로 마치 쓰레기가 한 통 속에 담겨 있듯이 문제, 대안(해결방안), 참여자, 선택기회 등의 각각 독립적인 투입물이 조직의 불명확하고 모호한 목표와 기술로 인해 투입물 간의 합리적 연계과정이 없이 혼재된 상태에서 의사결정이 이루어진다고 설명하는 모델이다. 따라서 이 모델은 혼란스럽고 체계적이지 못한 조직의 의사결정과정을 비관적으로 설명한다. 이러한 의사결정과정을 통해 얻어진 결과는 실질적 문제를 충분히 고려하지 않은 상태에서 대안이 마련되어 이로 인해 현존하는 문제를 간과하거나 문제 해결에 도움이 되지 않는 무질서한 의사결정을 하게 된다는 것이다. 따라서 이러한 경우 실제로 문제 해결을 위한 의사결정을 하기 어려운 상황에 직면하게 됨으로써 우선순위의 부재, 모호한 기술, 무질서한 참여, 조직과 환경의 불명확한 경계 등의 특징들로 나타나며 무정부 조직(organized anarchy)에서 발견할 수 있다.

쓰레기통모델의 한계점은 "아침에 명령을 내렸다가 저녁에 다시 고친다"는 사자성어, 즉 조령모개(朝令暮改)로 표현할 수 있다. 이는 무계획, 무질서, 함량 미달의 기술, 우선순위 부재 등의 불완전한 조직 환경에서 함량이 미달된 수준의 프로그램이 개발 및 운영될 가능성이 높다는 한계점을 가지고 있다.

2. 사회복지 프로그램의 전통적 개입이론

개입이론은 프로그램 기획의 준거 틀을 제공하며 이를 바탕으로 프로그램을 기획하고 적용하는 데 있어 프로그램 개발자에게 필요한 실천적 접근방법을 제시해 준다. 통합적 관점에서의 사회복지 프로그램 개발을 위해서는 전통적 접근이론에 대한 이해가 전제되어야 하며 이를 기초로 하여 통합적 접근방법을 통한 프로그램 개발이 가능하다. 따라서 본 서에서는 통합적 개입이론을 살펴보기 전에 먼저 사회복지실천 영역에서 다루고 있는 전통적 개입이론 중 진단주의와 기능주의, 개별개입모델, 집단개입모델, 지역사회조직개입모델에 대해 살펴보고자 한다.

1) 진단주의와 기능주의

1957년 이전까지만 해도 진단적 접근방법과 기능적 접근방법을 통해 사회복지 프로그램이 실행되었으며, 1957년 이후 Perlman이 진단주의와 기능주의 이론을 통합한 절충주의 이론을 내놓기까지 양자의 논쟁은 지속되어 왔다. Perlman은 진단주의와 기능주의 학파의 이론을 통합하면서 사회복지실천을 문제 해결과정으로 규정하였으며, 이후 Pincus와 Minahan의 4체계모델, Compton과 Galaway의 문제해결모델 등에 지대한 영향을 미쳤다(정무성, 2008).

진단주의(diagnostism)는 1920년대에서 1930년대에 시작되었으며, 대표학자는 Mary Richmond, Goldon Hamilton, Florence Hollis 등이 있다. 진단주의 학파는 Freud의 정신분석이론과 Erikson의 심리발달이론을 이론적 기반으로 한다. 진단주의는 프로그램 실행에 있어 클라이언트의 과거 기능과 경험을 중시한다. 따라서 과거에서 현재까지의 생활력 분석을 통하여 클라이언트의 문제를 확인하고 현재의 상황을 기반으로 자아의 기능을 강화시키도록 환경에 대한 개인의 적응능력을 강화하는 것을 목표로 삼고 대안을 모색한다. 진단주의의 사회사업 목적은 클라이언트의 건전한 성장이나 사회적 조건에 영향을 미치는 데 있다. 그리고 변화의 중심은 사회복지사가 중심역할을 하며, 심리 및 정서적 문제를 치료를 하는 분야에 적용할 수 있다.

기능주의(functionalism)는 1930년대에 시작되었으며, 대표학자는 Jessie Taft, Virginia Robinson, Ruth Smally 등이 있다. 기능주의 학파는 Otto Rank의 의지(will)이론과 G. H. Mead의 상호작용이론을 이론적 기반으로 한다. 기능주의 학파는 진단주의 학파의 과거지향적인 관여에 대해 비판적 입장을 가지고 있으며, '의지(will)'의 힘을 강조하여 개인의 과거보다 현재의 기능과 경험을 중요시하며 사회복지사가 소속되어 있는 사회복지기관의 기능을 자유롭게 활용하여 클라이언트의 문제를 해결하도록 원조하는 것을 중심 과제로 삼는다. 기능주의의 사회사업 목적은 사회복지기관의 기능이 사회복지사의 실천에 초점을 맞추고 이를 바탕으로 클라이언트의 문제 해결을 위한 방향성과 대안을 제공하는 데 있다. 변화의 중심은 사회복지사 또는 기관이 아닌 클라이언트에게 있으며 클라이언트 스스로 변화하려는 의지와 노력을 중요시하며, 서비스에 대한 최종 결정권은 클라이언트에 있으며 공공부조 서비스, 가족 상담 서비스 등에 적용할 수 있다.

2) 개별개입모델

전문사회복지실천의 가장 기본이 되는 이론인 개별개입모델은 개인 또는 가족을 통한 실천 이론으로 개별사회사업(case work)을 바탕으로 한다. 개별사회사업의 선구자인 Richmond는 개별사회사업을 "개별적으로 인간과 환경 간의 의도적이고 효과적인 재조정을 통하여 Personality를 개발시키는 과정"(Richmond, 1922 : 98-99; 표갑수, 2002 : 146, 정무성, 2008 : 80 재인용)이라고 정의하였다.

개별사회사업은 사회복지지사는 클라이언트를 발전시키기 위한 개인과 개인 간의 조정자의 역할을 하며, 이러한 역할을 수행하기 위해 전문적이고 과학적 지식이 필요하다는 것을 기본 전제로 한다. 개별사회사업은 인테이크 → 조사 → 진단 → 치료(개입)의 과정으로 진행된다. 이러한 개별사회사업의 실천이론은 인간과 환경 간의 조정의 필요성에 의해 발전하였으며, 여기에서 사회복지사의 역할은 조정자이다.

개별사회사업의 실천 이론은 심리사회모델, 행동주의 개입모델, 과제중심모델, 위기개입모델 등이 있으며 그 내용을 간략하게 살펴보고자 한다.

먼저 심리사회모델은 Holis가 집필한 『케이스워크 : 심리사회 치료』라는 사회복지실천 방법 교재를 통해 집대성되었다. 이 모델은 자선조직협회(C.O.S)의 활동 내용과 더불어 Richmond의 실천 모델을 전승하였으며, 그 이후 사회복지실천에 영향을 미친 정신역동이론, 자아심리학, 인류학, 가족 단위의 실천 개입이론, 체계이론, 대상관계이론 그리고 그 밖의 사회과학 이론 등의 영향을 받으며 발전되었다. 심리사회모델(psycho-social model)은 인간의 성장과 발달을 위해 적절한 환경을 조성하는 부분에 개입의 초점을 두고 '환경 속의 인간(person in environment)'을 강조하며, 여기에서 사회복지사는 조정자, 중재자, 정신보건전문가, 자원연결자 등의 역할을 수행하게 된다.

행동주의 개입모델은 미국 Michigan State University의 Tomas가 주창한 정신분석이론에 반대되는 이론이며, 이 이론의 가정은 인간은 자신의 심리적 역동성에 의해 통제받지 않고 외부 환경 요인에 영향을 받는다는 것이다. 행동주의 개입모델은 관찰 가능한 행동과 환경에 초점을 두고 있으며, 행동을 변화시키기 위해 그 행동의 조건을 변화시키는 데 초점을 둔다. 대표적인 학자는 Pavlov, Skinner, Bandura 등이 있다 이 모델에서 사회복지사는 클라이언트를 수용·지지하며, 클라이언트의 문제해결 능력을 강화하는 데 중점을 두고 있다. 행동주의 개입모델에서 사회복지 프로그램 내용을 구성함에 있어 클라이언트의 행동 변화와 이들에게 제공되는 일상생활과 관련한 프로그램에 보상과 처벌의 맥락에서 활용할 수 있다.

Michigan State University에서 1970년대에 진행되어 프로젝트 결과로 제시된 과제중심모델(task-centered model)은 클라이언트가 인식하고 동의한 문제를 해결할 수 있도록 클라이언트의 현재 상황에 적합한 행동과업을 설정해 주고 이를 수행하도록 도와주는 데 초점을 둔 모델이다.

위기개입모델(crisis intervention model)은 스트레스 등 위기 상황에 처해 있는 클라이언트를 대상으로 개입하는 효과적이고 유용한 모델이다. 이 모델의 기본 가정은 위기 상황에 직면한 클라이언트를 비정상적인 상황으로 인식하지 않으며, 정서적 불안감 및 사회해체 현상을 겪는 것을 누구나 겪을 수 있는 정상적 상태라고 보는 것이다. 따라서 이 모델에서 위기 및 사회해체 현상은 부정적 결과를 동반할 수 있지만, 오히려 성장과 발전의 기회로 여기는 경향이 있다. 이 밖에 개별개입이론은 인지행동실천이론, 체계실천이론 등이 있다.

3) 집단개입모델

집단개입모델은 프로그램의 목적과 목표에 따라 결정하며, Papell과

Rothman은 전통적 집단개입의 세 가지 실천 모델을 사회적 목표모델, 치료적 모델, 상호작용 모델로 구분하여 제시하였다.

사회적 목표모델(social goals model)은 사회적 의식, 사회적 책임, 책임 있는 시민과 사회·정치적 행동, 사회에 대한 개인의 적응, 집단의 선 등을 목적으로 한다. 대상은 시민, 이웃, 지역사회로, 집단의 크기는 3~30명이며, 지향점은 대규모 사회 환경에 속해 있는 개인의 미래에 초점을 두며 예방과 실천행동에 초점을 둔다. 여기에서 사회복지사의 역할은 역할 모델, 조력자, 교사, 상담가, 회의주체자 등이며, 실천 중심체는 지역사회복지관 등이 있다.

치료적 모델(remedial model)의 초점은 집단을 통해 개인을 치료하는 것이다. 치료모델은 역기능적 행동을 하는 클라이언트의 치료 및 재활, 그리고 개인의 성취목표를 지원하기 위한 수단으로서의 집단을 강조하며, 개인의 선을 추구하는 것을 목적으로 한다. 대상은 역기능 또는 문제해결을 위한 원조가 필요한 자이며, 집단을 통한 개인의 역기능을 변화하는 데 초점을 둔 모델이다.

이 모델에서 집단은 개인의 목적을 달성하는 하나의 방법 또는 관계 상황이고, 집단구조와 집단과정에서의 변화는 그 자체가 목적을 위한 수단이다. 사회복지사의 역할은 변화의 대리인, 전문가, 조력자, 중개자 등이며, 사회복지사는 집단형성과 운영에 막대한 힘과 영향력을 행사하며 집단 구성원은 집단의 목적에 따라 집단을 구성하도록 권한을 부여받은 사회복지사에 의해서 선택된다. 실천 중심체는 임상기관(정신보건센터, 임상치료센터 등), 사회복지기관 등이 있으며, 대상 집단의 크기는 7~10명 정도가 적정하다.

상호작용 모델(reciprocal model)의 초점은 개별 클라이언트와 집단 간의 상호적 또는 공생적 관계에 있다. 상호작용 모델은 클라이언트의 적정 수준의 적응과 사회화 적응을 위한 클라이언트 간 상호 지지체계를 형성하고 대인관계 향상을 목적으로 하며, 집단과 개인 간의 상호관계를 강조한다. 이 모델에서는 클라이언트 간의 자조 및 상호 지지체계 형성에 초점을 두며 공생적 관계를 중요시한다. 실천 중심체는 지역사회복지관, 임상기관 등이며 사회복지사는 개인과 집단 간의 관계 또는 경계에서 불균형을 방지하고, 집단이 상호 원조체계가 되는 방법을 배우도록 하기 위해 중개자(mediator), 조력자(helper), 가능하게 하는 자(enabler) 등의 역할을 수행한다. 대상은 공동관심사를 성취하기 위해 협력하는 구성원이며, 집단의 크기는 15명 이상을 넘지 않는 수에서 결정한다.

4) 지역사회조직개입모델

Russell Kurt는 지역사회복지에 대해 인간을 직접 대상으로 하는 개별사회사업과 집단사회사업과는 구별됨을 전제로 사회복지조직 간 또는 지역사회 간의 관계가 지역사회복지 활동의 초점이 된다고 하였다. 이처럼 지역사회복지는 사회복지조직 간 또는 지역사회 간의 관계에 개입함으로써 보다 거시적 차원의 사회복지실천 영역이라 할 수 있으며, 사회복지사는 이러한 지역사회조직 프로그램을 기획하게 된다. 이를 통하여 지역사회 내에서 발생하는 지역 주민들의 문제를 사회복지 전문적 관점에서 원조함으로써 지역사회 및 지역주민의 문제와 욕구를 파악하고, 주민 조직화 및 활발한 의사소통을 통하여 지역사회가 긍정적으로 변화할 수 있도록 개입한다.

본 서에서는 지역사회조직개입모델을 Michigan State University 교수인 Rothman이 제시한 세 가지 모델로 구분하여 제시하였다. Rothman

은 지역사회조직모델을 지역사회개발모델, 사회계획모델, 사회행동모델로 구분하여 제시하고 있으며 그 내용을 살펴보면 다음과 같다.

지역사회개발모델(community development model)은 과정 중심적 목표(체계의 유지와 기능을 강화하는 것이 목표)를 추구하며, 지역사회의 변화를 가장 효과적으로 달성하기 위해서 지역사회개발을 위한 목표결정과 실천행동에 지역주민들의 적극적 참여를 전제로 한 모델이다. 지역사회개발모델에 있어 중요한 전술은 '합의(consensus)'이며, 사회복지사의 역할은 조력자(enabler), 격려자(encourager), 조정자(coordinator)이다.

이 모델의 변화 매개체는 과제 지향적인 소집단 간의 조정(manipulation)이고, 지역사회 전체를 대상 집단으로 보며, 권력을 가진 사람들도 지역사회 향상을 위해 공동의 노력을 함께하고, 지역주민은 지역사회문제의 해결과정에 적극적으로 참여한다. 지역사회개발모델의 예를 들면 지역복지관의 지역개발사업, 자원봉사단, 시민지도자 교육 등이 있다.

사회계획모델(social planning model)은 과업 중심적 목표(구체적 사업을 완수하는 것이 목표)를 추구하며, 비행, 주택, 정신건강과 같은 사회문제를 해결하고자 하는 기술적인 과정을 강조하는 모델이다. 이 모델의 경우 특히 중요한 것은 문제해결을 위한 합리적인 계획수립과 통제된 변화를 추구한다는 점이다. 사회계획모델의 주요 전술은 사실발견(fact finding)과 분석상의 기술을 중요시하며, 사회복지사의 역할은 자료수집가, 분석자, 계획가, 촉진자 등의 전문가적 역할이 강조된다. 이 모델의 변화 매개체는 공식집단과 자료의 조정이며, 클라이언트 집단은 지역사회 전체가 될 수도 있고, 지역사회 내의 특수지역이나 일부계층이 될 수도 있다. 그리고 사회계획모델에서 클라이언트는 서비스에 대한 수혜자(recipients)로 간주되며, 사회계획모델의 예를 들면 도시개발계획 수립, 지역복지계획 수립, 사회서비스 개선 등을 들 수 있다.

사회행동모델(social action model)은 과정중심 또는 과업 중심 어느 쪽으로도 목표를 설정할 수 있으며, 여기에서 '사회행동'이란 지역사회 소외계층에 속한 주민들이 더 많은 자원과 향상된 처우를 그 지역사회에 요구하는 행동을 의미한다. 이 모델의 변화 매개체는 대중조직, 정치적 과정이며 권력관계와 자원의 변경이 필요할 때 적용할 수 있는 모델이다. 사회행동모델에서 중요한 전술은 갈등이나 대결이며, 사회복지사의 역할은 옹호자(advocate), 행동가(activist), 협상가(negotiator)이며, 클라이언트는 혜택을 받는 자(beneficiaries)로 간주된다. 사회행동모델의 예를 들면 쓰레기처리장 설치 반대 시민모임, 노숙인 숙소 마련을 위한 지역주민추진운동본부, 원전설치 반대를 위한 시민연대 등이 있다.

3. 사회복지 프로그램의 통합적 개입이론

사회복지 프로그램 개발에 있어 통합화(integration)의 개념은 개인과 외부 환경적 요소를 동시에 고려하여 하나의 프로그램 개발을 위해 다양한 개입방법들 중 프로그램에 필요한 방법들을 통합적으로 적용함을 의미한다. 과거 전통적 프로그램의 경우 특정 문제를 중심으로 한 제한적 접근 방법을 적용하였다면, 통합적 개입이론을 기반으로 한 프로그램 적용은 클라이언트의 다양한 욕구를 보다 다차원적으로 제공할 수 있다는 이점이 있다. 본 서에서는 사회복지 프로그램의 통합적 개입이론 중 임파워먼트모델, 4체계모델, 강점관점모델, 해결중심모델, 생태체계이론에 대해 간략하게 살펴보고자 한다.

1) 임파워먼트모델(Empowerment Model)

1970년대 중반에 Chestang, Solomon 등에 의해 개발된 임파워먼트모델(empowerment model)은 권한부여모델 또는 권한위임모델이라고 번역하여 불리고 있다. 이 모델은 강점 중심으로 클라이언트를 봄으로써 이들의 잠재적 역량(potential competence)과 자원을 인정하고 클라이언트 스스로 회복할 수 있는 잠재된 능력이 있음을 전제로 클라이언트가 본인 스스로의 삶을 결정할 수 있도록 권한 또는 힘을 부여하는 것을 강조한다.

따라서 임파워먼트모델은 클라이언트에게 자원에 대한 접근성과 효과적으로 자원을 활용하는 능력을 향상시키는 것을 목표로 한다. 즉, 이 모델은 클라이언트체계가 자원과 기회에 대한 접근성이 확보되면 클라이언트는 스스로 능력을 발휘할 수 있다고 본다. 여기에서 사회복지사는 클라이언트와 협동하는 파트너로서의 역할을 수행하게 된다. 그리고 협동 또는 협력은 힘을 키우는 방법이자 동력으로서 클라이언트는 협력을 통하여 강점을 극대화할 수 있고 이것이 이 모델의 핵심이라 할 수 있다.

임파워먼트모델에는 세 가지 개입원칙이 있으며 그 내용을 살펴보면 다음과 같다(정무성, 2008).

첫째, 맥락화의 원칙(principal of contextualization)이다. 사회복지 프로그램을 계획하는 사회복지사는 클라이언트의 현실에 기초하여 프로그램을 기획해야 한다는 원칙이다. 이는 사회복지사가 기관의 지침 또는 자신의 주관적 지침을 기준으로 프로그램을 계획하지 말고 프로그램의 개발의 초점을 클라이언트에게 맞춰야 한다는 것이다.

둘째, 임파워먼트의 원칙(principal of empowerment)이다. 이 원칙은 사회복지사는 프로그램 개발 시 클라이언트로 하여금 자기결정권을 최대한 보장할 수 있도록 그 권한을 클라이언트에게 부여해야 한다는 것이다.

셋째, 집합성의 원칙(principal of collectivity)이다. 이 원칙은 클라이언트의 소외감을 최소화할 수 있도록 대인관계 연계에 초점을 두어 프로그램을 개발해야 한다는 것이다. 이를 통하여 클라이언트로 하여금 자신이 가치 있는 사람임을 체감할 수 있도록 해야 한다는 것이다.

2) 4체계모델

1970년대 초 Pincus와 Minahan이 개발한 4체계모델(4 System Model)은 전체적 관점에서 4체계, 즉 변화매개체계(change agent system), 클라이언트체계(client system), 표적체계(target system), 행동체계(action system)로

구분하여 이 4체계가 어떻게 상호작용하는지에 초점을 둔 모델이다. 4체계모델에서 사회복지사는 여러 수준의 다양한 체계들과 연결되어 프로그램을 기획 실행하며, 클라이언트의 문제와 관련 있는 체계를 끌어들여 클라이언트의 문제해결 능력 및 대처능력을 향상시키는 데 초점을 맞춘다.

이 모델에서 변화매개체계(change agent system)란 사회복지사와 사회복지사를 고용한 사회복지기관과 조직을 의미하며, 클라이언트체계(client system)란 서비스 또는 도움을 필요로 하는 사람을 의미한다. 그리고, 표적체계(target system)란 변화매개개자들이 그들이 설정한 목표달성을 위해 영향을 받는 사람 또는 변화가 필요한 사람(클라이언트와 중복되기도 함)을 의미하며, 행동체계(action system)는 이웃, 가족, 전문가들과 같이 변화매개자들이 변화노력을 달성하기 위해 서로 상호작용하는 사람 또는 조직을 의미한다.

3) 강점관점모델

인본주의적 관점인 강점관점모델(strength perspective model)은 클라이언트의 개별성과 다양성을 인정 및 존중하며, 문제 자체보다는 클라이언트의 강점에 초점을 맞춰 사회복지사가 동원할 수 있는 자원을 최대한 활용하여 그들의 창조성, 잠재력을 향상시킬 수 있는 환경을 조성하는 데 적용할 수 있는 모델이다. 즉, 클라이언트의 문제에 대한 관심보다는 해결점을 발견하고 강점을 강화시키는 데 초점을 두며 클라이언트를 독특한 존재로서 그 다양성을 존중하여 클라이언트의 역량을 실현하도록 돕는 데 유용한 모델이다.

강점관점모델(Strength Perspective Model)에서 모든 환경은 자원으로 가득 차 있으며, 모든 개인, 집단, 가족 그리고 지역사회는 강점들을 가지고 있다는 것을 기본 전제로 한다. 따라서 사회복지사는 클라이언트가 잘 할 수 있는 것이 무엇인지를 발견하여, 그들이 가진 강점에 초점을 맞추어 프로그램을 개발해야 하며, 이를 위해 가용 자원들을 최대한 연계할 수 있도록 노력해야 한다. 이와 더불어 클라이언트 스스로도 자신이 이용할 수 있는 자원을 발견하려는 노력을 해야 한다.

4) 해결중심모델

단기치료의 대표적인 개입방법인 해결중심모델(solving oriented model)은 클라이언트가 스스로 본인의 문제를 해결할 수 있는 능력을 지니고 있다는 것에 기본 전제를 두고 출발하며, 문제의 원인이 아닌 해결책을 찾는 것에 초점을 두는 모델이다. 이 모델에서는 클라이언트를 문제를 가장 잘 아는 정보제공자로 인정함과 동시에 문제 해결의 주체로서 사회복지사와의 전문적 동반자로 인정한다.

이 모델에서 사회복지사는 클라이언트를 변화시키는 전문가가 아니라 이들의 변화에 도움을 주는 자문가(consultant)의 역할을 수행하며, 사회복지사와 클라이언트 관계는 협력적 동료 관계이다. 따라서 여기에서 사회복지사가 갖추어야 할 주요 기술(skills)은 경청과 인정하기, 호기심 갖기, 초대하기, 격려하기 등이 있다.

5) 생태체계이론

생태체계이론(eco-system theory)은 인간행동에 대한 다양한 이론 중 생태이론과 체계이론으로부터 도출된 개념들의 강점을 통합하였으며, 인간과 환경이 어떻게 상호적응 상태를 이루는가에 초점을 둔 이론이다. 즉, 이 이론은 생태적 관점과 체계적 관점을 통합한 것으로 유기체들이 어떻게 상호적응 상태를 이루고 어떻게 적응해 가는지에 초점을 두며, 인간과 환경 간의 상호교류, 상호의존성, 또는 상호역동적 교류와 상호적응에 대한 통합적 관점을 제공한다. 이러한 생태체계관점은 상호 관련되어 있으면서 클라이언트의 여러 문제들이 겹겹이 쌓인 듯한 사례현상을 이해하는 하나의 방법론이다.

생태체계이론은 '환경 속의 인간(Person in Environment)'이라는 통합적 사고로부터 출발하며, 인간과 환경은 지속적인 상호작용을 통해 존재하며 환경이 인간에게 영향을 주는 방식과 인간이 환경에 영향을 주는 방식에 대해 이해할 수 있는 유용한 틀을 제공한다.

03
CHAPTER

사회복지 프로그램의 구성요소

1. 거시적 관점에서의 사회복지 프로그램 구성요소

거시적 관점에서의 사회복지 프로그램 구성요소는 욕구와 문제, 목표, 산출이익, 적격 대상자, 재정자원, 행정지원 등이 있다. 먼저 충족되어야 할 욕구와 문제, 목표와 관련하여 정부를 포함한 민간에서 제공되는 사회복지 프로그램은 클라이언트의 욕구를 충족시키고, 그들의 특정한 문제를 다루고, 그들의 삶의 질 향상을 목표로 한다. 이러한 목표를 구체화하기 위해서 정부는 민간과 협력하여 관련법들을 제정하려는 노력을 한다.

사회복지 프로그램이 어떠한 이익을 어떠한 형태로 산출하는가는 매우 중요하다. 따라서 사회복지 프로그램 기획자는 어떻게 하면 효과성을 극대화할 수 있을 것인가에 대해 고민해야 한다.

사회복지 프로그램 구성요소 중 적격 대상자를 선정하는 것은 매우 중요하다. 따라서 적격 대상을 어떠한 기준으로 선정하는가의 문제는 매우 중요한 문제이다. 예를 들면, “기초연금 대상은 어떠한 기준에 근거하여 선정할 것인가?", "국가장학금 지급 대상은 어떠한 기준에 근거하여 선정할 것인가?"의 문제에 대한 적정한 기준을 제시해야 한다. 이러한 것에 대한 적격 기준은 '국내에 거주하는 주민등록법 제6조 제1, 2호에 따른 주민등록 어르신 중 가구의 소득인정액이 선정기준액 이하인 자', '국내 대학에 재학 중인 소득 8분위 구간 이하 대학생 중 성적기준 충족자' 등이다.

사회복지 프로그램의 구성요소 중 재정은 매우 중요한 구성요소이며, 사회복지 프로그램의 재정자원 형태는 다양한 출처를 통해 확보된다. 따라서 자원의 출처와 구성 비율은 프로그램을 운영하는 데 매우 중요한 환경을 제공한다(정무성, 2008). 사회복지 프로그램의 재정자원의 형태는 일반조세, 목적세, 근로자와 고용주에 대한 기여금(갹출금) 또는 세금, 이용자의 서비스 이용요금, 제3자 지불방식과 서비스 구매(사회서비스 이용 시 등), 혼합방식의 재정지원(서비스 이용료, 보험금, 기부금, 정부, 민간 등 다양한 자원의 매칭) 등이 있다.

적정수준의 정부의 행정지원은 다양한 사회복지 서비스가 요구되는 것과 맞물려 매우 중요한 사회복지 구성요소이다. 최근 지방정부의 역할이 강조되는 지방자치가 중요한 시대이긴 하지만 행정적 기준은 중앙정부가 제시하면서 책임성을 가지고 지방행정을 지원해야 한다.

2. 체계적 관점에서의 사회복지 프로그램 구성요소

체계적 관점에서의 사회복지 프로그램 구성요소는 투입(inputs), 전환(throughputs), 산출(outputs), 성과(outcomes), 환류(feedback)로 구성된다. 체계이론은 하나의 체계를 구성하는 요소들이 체계의 공동 목적을 달성하기 위하여 상호 유기적 관계를 가진다. 즉, 체계이론에서 프로그램은 각 요소들이 상호 유기적으로 연계되어 투입, 전환, 산출, 성과 환류의 과정을 반복하면서 발전한다.

투입(in-puts)이란 프로그램에 투입되는 자원을 의미한다. 전환(through-puts; 활동 activities)이란 투입된 자원을 서비스 활동으로 전환시키는 것을 의미한다. 산출(out-puts)은 서비스 종료를 통해 생산된 직접생산물의 실적을 의미한다. 성과(out-comes)란 사회복지 서비스를 통해 개인 또는 집단, 지역사회 등 클라이언트의 문제해결 또는 욕구충족을 통한 변화 정도를 의미한다. 환류(feedback)는 각 단계에서 나타날 수 있는 문제점 및 오류를 검토하여 이를 수정하여 프로그램의 효과성과 효율성을 도모할 수 있도록 하는 단계이다.

이상 체계적인 관점에서 사회복지 프로그램 구성요소의 개념에 대해 살펴보았으며, 더 자세한 내용은 2부에서 살펴보기로 한다.

3. 사회복지 프로그램 설계의 구성요소

사회복지 프로그램 설계의 구성요소는 참여대상, 실시주체, 활동내용, 실시방법, 장비 및 도구, 실시기간, 환경 및 장소, 운영 스텝, 예산, 평가계획 등이 있으며 그 내용을 살펴보면 다음과 같다.

참여대상과 관련하여 참여대상의 명확화와 규모, 참여집단의 구성 등의 참여 대상자의 속성에 대해 정확히 분석하는 것이 중요하다.

실시주체는 프로그램을 운영하는 주체의 실천 철학과 지향점, 의도하는 바가 무엇인지를 정확히 파악하여 프로그램 내용에 반영하도록 한다.

활동내용은 프로그램을 통해 변화시키고자 하는 목표에 유용한 것이어야 하며, 변화의 목표에 부합한 활동 내용을 선택하고 적용해야 한다.

실시방법은 조직의 목표와 클라이언트의 목표를 동시에 고려하여 가장 효과적인 적절한 방법을 선택한다. 이는 프로그램 활동내용을 보다 용이하고 효과적으로 만들어 주며, 클라이언트 집단의 분위기를 조성해 주는 등의 효과가 있다.

장비 및 도구는 활동 효과를 높이기 위한 중요한 지도매체이며 활동목표, 활동 내용 및 방법, 클라이언트의 경험 및 수준 등을 고려하여 선택한다.

실시기간은 프로그램 편성에 영향을 미치는 중요한 요소이며, 프로그램의 내용과 방법에 따라 프로그램 실행 시기, 총 투입 시간 등을 적절하게 정한다.

환경과 장소는 프로그램 실시를 위해 가장 우선적으로 검토되어야 하는 요소이다. 환경과 장소 선정은 프로그램 목적을 달성하는 데 적합한 장소인지, 그리고 클라이언트의 성향, 행동양식 등을 고려하여 선정한다.

프로그램 운영 스텝은 프로그램의 성공 여부를 결정하는 가장 중요한 요소이다. 프로그램 운영 스텝은 일반적으로 슈퍼바이저, 담당 사회복지사, 자원봉사자 등으로 구성된다. 여기서는 프로그램 운영에 있어 명확한 역할과 책임이 업무분장을 통해 조정되어야 한다. 그리고 역량을 갖춘 스텝진 확보는 프로그램을 통한 조직의 목표와 클라이언트의 목표를 달성하는 데 매우 중요한 요소이다.

예산은 사무비, 사업비, 재산조성비 등의 항목으로 나누어 항목의 산출 근거를 구체적으로 제시하며, 예산 항목별 자금조달계획을 알 수 있도록 제시해야 한다.

프로그램 평가계획은 프로그램 작성 시 프로그램의 효과성, 효율성 등의 평가를 위한 평가계획을 수립해야 한다. 즉, 프로그램 각 단계별 평가를 위해 평가 대상, 시기, 방법 등을 정해놓아야 한다.

04 CHAPTER 사회복지 프로그램 기획의 특성과 유형 및 기획과정

1. 사회복지 프로그램 기획의 특성 및 필요성

1) 사회복지 프로그램 기획의 특성

Dror는 "기획이란 보다 나은 수단으로 목표를 달성하기 위하여 미래 행동에 관해 일단의 결정을 준비하는 과정이다"라고 정의하고 있다. Dror의 기획에 관한 정의를 바탕으로 본 서에서는 여섯 가지 특성으로 수정하여 제시하였다.

첫째, 기획은 연속적 활동이다. 즉, 기획이란 문제발견에서 문제를 형성하고 이를 행동화하는 일련의 시스템을 만들어 가는 과정이다.

둘째, 기획은 준비하는 과정이다. 기획은 기획자의 자기 주도적 계획과정을 통해 목표를 현실로 만들어 가는 과정이다.

셋째, 기획은 행동 지향적 활동이다. 기획이란 예정된 행동을 설명하는 일련의 유기적 시스템을 통하여 목적 달성을 위한 제 자원의 결합방식을 결정하는 행위이다.

넷째, 기획은 미래지향적 활동이다. 기획은 현재와 미래에 사용 가능한 자원을 효율적이며 적절하게 사용하여 미래의 명확한 목표를 달성하기 위한 체계적인 방법이다.

다섯째, 기획은 목표를 성취하기 위한 활동이다. 기획이란 특정 상황에 적합한 구체적 해결책을 창조하거나 재구성하는 목표 지향적 행동이다.

여섯째, 기획은 최적의 수단 또는 대안을 찾아내는 과정이다.

2) 사회복지 프로그램 기획의 필요성

기획은 조직의 관점과 프로그램 관점으로 이해될 수 있다. 조직의 관점에서의 기획은 조직의 내적·외적 환경 변화에 능동적으로 대처함으로써 조직이 추구하는 목적달성을 위한 미래의 활동 계획과 내용을 결정하는 의사결정과정으로 이해된다.

사회복지 프로그램 관점에서의 기획은 변화시켜야 할 수요자, 즉 클라이언트 체계의 변화를 위한 일련의 절차 또는 대안을 결정하는 과정으로 이해된다. 기획의 필요성과 조직에게 줄 수 있는 효용성에 대해 살펴보면 다음과 같다.

(1) 효율성 및 효과성의 극대화

기획은 해결하기 위한 과제에 대한 필요한 정보를 수집 및 분석하며, 수요와 환경 분석을 통해 얻어진 대안들 중 최적의 대안을 만들어 내어 의사결정 과정의 체계성을 갖추게 한다.

즉, 설정된 목표를 가장 효율적으로 달성할 수 있는 최적의 대안을 선택함으로써 효율성과 효과성을 증진시킨다. 이러한 효율성과 효과성의 증진은 조직 내부적인 가치를 진작시키는 데 도움이 된다.

(2) 책무성 이행에 도움

책무성이란 일반적으로 조직 또는 프로그램의 정당성을 합리화하고 이를 제시할 수 있는 능력을 의미한다. 책무성은 효율성과 효과성에 기반하여 조직 외부에 대한 정당성을 제시하는 것에 가치를 둔다. 이러한 책무성 이행은 정당성을 확보하는 것으로 조직의 이미지와 매우 밀접한 관련이 있다.

(3) 불확실성의 감소

기획과정은 급변하는 사회복지 환경과 불확실한 미래상황에 변화의 목표를 제시함과 동시에 이를 달성하기 위한 방향성을 제시해 준다. 즉, 기획은 이러한 불확실한 환경과 미래상황에 중심을 잡아주는 역할을 수행한다.

(4) 실무자 역량개발 및 조직의 이미지 향상에 도움

사회복지 프로그램 기획은 사회복지기관 실무자들의 역량을 개발하는 데 동기부여가 될 수 있다. 이를 통하여 조직 내에서 실무자로서 기획 능력을 인정받을 수 있으며 더불어 조직발전에 기여를 통해 지역사회 내에서 조직 이미지 향상에 도움을 줄 수 있다.

3) 사회복지 프로그램의 조건

사회복지 프로그램의 궁극적 목적은 클라이언트의 문제 및 욕구 해결을 통한 보다 나은 삶으로 변화를 이끌어 내는 데 있다. 따라서 프로그램 기획자는 보다 나은 사회복지 프로그램 개발을 위해 다음과 같은 조건을 충족시키도록 해야 한다.

(1) 접근용이성

사회복지 프로그램은 이를 필요로 하는 클라이언트가 쉽게 접근할 수 있도록 기획해야 한다. 즉, 프로그램 진행 장소, 비용, 이용시간 등에 대한 고려가 필요하다. 이를 위해 프로그램 기획 시 재정적 측면, 지리 및 공간적 측면, 시간적 측면 등에 대한 장애요인들을 제거하도록 노력해야 한다.

(2) 적합성

사회복지 프로그램은 클라이언트의 문제해결 및 욕구 충족이 가능하도록 내용적 측면에서 적합하도록 해야 한다. 예를 들어, 노인의 경제적 문제 해결을 위해서는 후원결연 서비스 또는 노인일자리 지원 서비스 등 실질적으로 경제적 문제 해결과 서비스 내용이 적합하도록 해야 한다.

(3) 지속성

사회복지 프로그램 전 과정에 걸쳐 클라이언트의 문제 해결 및 욕구 변화에 대한 지속적인 모니터링을 통해 필요한 서비스를 지속적으로 제공해야 한다.

(4) 포괄성

클라이언트의 문제가 단순하게 하나만 있는 것이 아니라 다양한 문제들과 얽혀 있고, 또한 문제 및 욕구들도 변화하기 때문에 다양한 욕구 변화 및 문제에 대응하기 위해서는 포괄적 접근을 해야 한다.

2. 사회복지 프로그램 기획유형 및 기획과정

1) 사회복지 프로그램 기획유형

(1) 욕구중심기획

욕구중심기획(need-based planning)이란 프로그램에 참여할 대상의 욕구를 사전에 측정, 조사하여 프로그램 기획에 반영하는 기획을 의미한다. 즉, 욕구중심기획은 프로그램 참여 고객인 클라이언트의 현 상태를 정확히 측정하여 미래의 긍정적 변화를 얻을 수 있도록 하는 데 기획의 지향점을 두며, 클라이언트의 욕구를 프로그램 기획의 중심에 두는 유형이다.

(2) 문제 해결 중심 기획

문제 해결 중심 기획(problem-solving based planning)이란 프로그램 참여 대상 집단의 문제들 중 가장 심각한 문제들부터 해결하도록 프로그램을 기획하는 유형을 의미한다. 즉, 프로그램 참여 클라이언트 집단의 여러 문제들 중 가장 우선적으로 해결해야 하는 문제들 중심으로 해결하려는 의지가 내포된 기획유형이다. 이 유형에서는 가장 심각한 문제가 무엇인지와 이를 해결하기 위한 최선의 대안을 찾아내는 것이 중요하다.

(3) 자원 활용 중심 기획

자원 활용 중심 기획(resource-allocation based planning)이란 인적 자원 및 물적 자원을 최대한 활용할 수 있도록 프로그램을 기획하는 유형을 의미한다. 즉, 자원개발 및 활용에 초점을 두는 프로그램 기획유형이다.

(4) 참여 기획

참여 기획(participatory planning)이란 프로그램에 관련된 사람들 모두가 참여하도록 프로그램을 기획하는 유형이다. 즉, 기획자, 동료 스텝들, 자원봉사자, 프로그램 참여 대상, 행정가, 후원자 등이 프로그램 기획과정에 함께 참여하여 프로그램을 기획하는 유형이다.

2) 사회복지 프로그램 기획과정

사회복지 프로그램 기획과정은 의사결정과정이다. 이러한 의사결정과정을 통해 클라이언트의 욕구 및 문제를 해결할 수 있고 이를 통해 클라이언트의 삶에 긍정적 변화를 가져올 수 있다. 사회복지 프로그램 기획과정은 큰 틀에서 프로그램을 설계하는 것으로, 기획단계에서 사회복지기관의 사명과 프로그램 당위성, 즉 실천철학이 내포되어 있으며, 이를 바탕으로 프로그램을 설계하는 것이다. 프로그램 기획과정은 다음과 같은 과정으로 진행된다. 즉, 문제규정 및 욕구확인 → 관련 정보의 확보 → 해결대안의 개발 및 사정 → 최선의 대안 선택 → 프로그램(최선의 대안) 실행 → 평가 및 피드백 과정으로 진행된다.

본 서에서는 프로그램 기획과정을 5단계로 설명하고자 한다.

첫째, 1단계는 문제규정 및 욕구를 확인하는 단계이다. 즉, 1단계에서는 문제에 대한 원인을 분석 및 확인하는 단계로 클라이언트에게 있어 가장 먼저 해결해야 할 문제와 클라이언트의 욕구를 파악하고 확인하는 것이 중요하다.

둘째, 2단계는 관련 정보를 수집하는 단계이다. 즉, 클라이언트의 문제와 관련된 이슈 또는 정보를 수집하여 대안선택의 자료로 활용한다.

셋째, 3단계는 대안을 개발하고 사정하는 단계이다. 이 단계에서는 전 단계에서 수집한 자료를 바탕으로 대안을 제시하고 각각의 대안별 장점과 단점을 열거하고 이를 통해 대안별 성공 가능성을 예측한다.

넷째, 4단계는 최적의 대안을 선택하고 실행하는 단계이다. 즉, 개발된 여러 대안들 중 문제해결에 성공 가능성이 높은 최적의 대안을 찾아내고 이를 실행에 옮기는 단계이다. 실행단계에서는 가용할 수 있는 모든 자원을 동원하여 사회복지 프로그램 대상자에게 구체적 서비스를 제공한다.

다섯째, 5단계는 평가 및 피드백 단계이다. 평가는 기획서에 제시된 평가 계획에 따라 진행되며, 평가는 과정평가와 결과평가로 구분되어 진행된다. 즉, 과정평가는 각 단계별로 진행과정에 대한 평가를 의미하며, 결과평가는 프로그램 종결 시 프로그램 전체 결과를 평가하는 것을 의미한다. 그리고 피드백은 지속적인 모니터링과 수정작업을 통해 프로그램 기획과정의 각 단계별로 발생할 수 있는 문제점들을 검토함으로써 기획과정의 효율성과 효과성을 높일 수 있다.

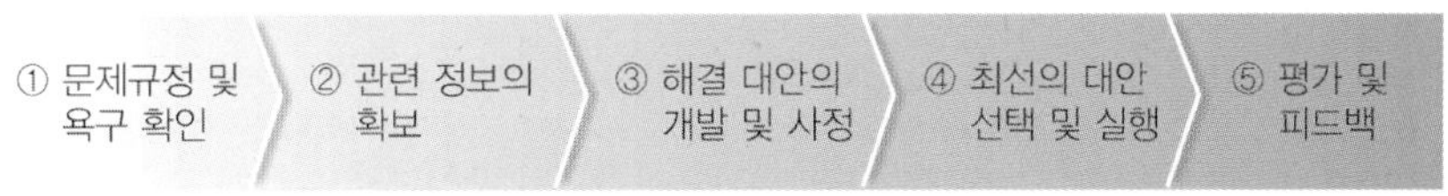

| 그림 4-1 | 프로그램 기획단계

05
CHAPTER

사회복지 프로그램의 성과관리

1. 성과측정의 개념

성과(performance)란 프로그램 실행을 통해 나타난 결과물을 의미하며, 사회복지 프로그램 평가는 성과에 대한 평가를 강조한다. 성과측정(performance measurement)이란 프로그램의 책무성을 제시하기 위한 실천 방법 중 하나이며, 성과관리 체계를 수행하는 과정에서 사회복지 프로그램의 효과성, 효율성, 품질에 대한 정보를 규칙적으로 보고하고 수집하는 관리방법이다.

성과와 성과측정을 논의할 때는 체계이론 관점에서 살펴보는 것이 유용하며, 체계이론에서의 프로그램 구성 요소인 투입, 전환, 산출, 성과, 피드백은 성과측정의 세 가지 측정 방법, 즉 효과성 측정, 효율성 측정, 품질 측정을 설명하기 위해 활용된다.

2. 성과측정의 방법

1) 효과성 측정

효과성 측정(effectiveness measurement)이란 프로그램의 결과와 그 결과에 대한 유효성(validity)을 평가하는 것으로 프로그램의 결과(outputs)를 측정하는 것을 의미한다. 즉, 프로그램 설계 시 최초 설정한 구체화된 목표와 실제 달성된 결과물에 대해 측정하는 것으로 그 차이 값을 가지고 효과성을 평가하게 된다. 따라서 효과성 측정은 투입(inputs)에 대한 결과(outputs)의 비율과 관련되어 있다.

효과성 측정은 사회복지 프로그램의 의도된 결과로 나타난 클라이언트의 정적(+) 방향의 변화와 영향들에 대한 진단을 포함하며, 이러한 클라이언트의 정적 방향(+)의 변화는 질적 변화를 의미하며, 사회복지 프로그램의 의도된 결과물이다.

2) 효율성 측정

효율성 측정(efficiency measurement)이란 프로그램의 투입 대비 실적 또는 산출물의 생산성을 측정하는 평가 방법이다. 즉, 투입된 자원 대비 산출물 또는 실적을 계량화된 정보들을 성과 측정하는 방법이라 할 수 있다.

이러한 효율성 측정 또한 책무성을 제시하기 위한 기준으로 활용되며, 실제로 실천현장에서 보조금의 삭감 또는 사회복지 프로그램의 정당성(正當性) 확보를 위한 근거로 활용된다.

효율성 측정은 프로그램의 계량적 생산물인 양적 실적물에 관심을 가진다. 따라서 효율성은 동일한 비용의 투입으로 보다 많은 양적 실적물을 생산하는 것과 더불어 어떻게 하면 비용을 최소화할 것인가에 대해 관심을 둔 성과측정 방법이다.

3) 품질 측정

품질 측정(quality measurement)은 효과성 및 효율성 측정과 달리 클라이언트 시각에서의 '서비스의 질(quality of service)'에 대한 정보를 성과 측정하는 방법이다.

책무성 제시를 위한 서비스 품질은 총체적 품질관리(TQM : Total Quality Management)의 필수적 구성요소이다. TQM은 투입 대비 산출의 단순화한 생산성 개념을 뛰어넘는 개념이며, 사회복지 조직이 생산한 서비스의 질 향상을 통하여 서비스 수요자인 클라이언트의 서비스 질 만족 수준을 높이기 위한 효과적 서비스 품질 관리 방법이다. 이 관리 방법은 서비스 수요자 중심의 관리를 강조하여 서비스 수요자, 즉 고객의 욕구 또는 필요에 따라 조직의 목표가 설정되며, 이를 통해 조직운영과 서비스의 질 향상을 생산해 냄으로써 조직의 경쟁력을 확보할 수 있는 서비스 경영 관리 방식이다.

Swiss(1922)는 TQM의 일곱 가지 주요 원칙을 다음과 같이 제시하였다(황성철, 2013).

첫째, 서비스의 질은 궁극적으로 고객이 결정한다.

둘째, 서비스의 질은 제공과정보다는 서비스 계획 단계부터 고려된다.

셋째, 서비스의 변이(variation) 가능성을 사전에 방지하는 것이 고품질의 서비스 산출에 중요하다.

넷째, 고품질의 서비스는 개인의 노력보다는 조직의 다양한 직원들의 협력적 활동의 결과로 나타난다.

다섯째, 투입과 과정에 대한 지속적 개선 노력이 질적 우월성을 가져다준다.

여섯째, 서비스의 질적 개선은 직원들의 적극적 참여를 통해서 이루어진다.

일곱째, 전체 조직의 사명감이 투철해야 서비스 질적 개선을 이룰 수 있다.

4) 성과측정 시 고려 사항

성과 측정 방법을 평가하는 기준 시 고려해야 할 사항은 실용성, 타당성, 신뢰성, 정확성, 실행 가능성 등이 있으며 그 내용은 다음과 같다.

(1) 실용성

실용성(usefulness)이란 특정성과 측정 방법을 사용함에 따라 발생하는 정보의 유용한 정도를 의미한다. 실용성이 있는 정보는 프로그램을 통해 해결하고자 하는 문제 유형과 성격에 가장 유용한 정보를 제공하는 것이어야 한다.

(2) 타당성

타당성(validity)이란 특정 유형의 성과 측정에서 실제로 측정하고자 하는 목적대로 제대로 측정하였는가의 여부를 의미한다. 평가하고자 하는 프로그램의 목적에 맞게 평가 기준을 세우고 그에 대한 합당한 평가를 실시하는 것이 중요하다.

(3) 신뢰성

시간이 흐른 뒤 또는 장소가 변경된 후에도 같은 조건으로 측정하여 처음 측정 정보와 유사한 결과로 나타나는지의 여부 정도를 의미한다. 이러한 신뢰성 확보는 표준화된 측정도구를 사용할 시 더욱 높아진다.

(4) 정확성

정확성(precision)이란 사회복지 프로그램을 통해 제공된 서비스의 단위 변화를 확인할 수 있는 정도의 수준을 의미한다. 이러한 정확성은 클라이언트들에게 제공되는 서비스의 내용과 단위를 정확하게 기술할수록 성과측정을 통해 나타나는 정보가 더 정확도가 높아진다.

(5) 실현 가능성

실현 가능성(feasibility)이란 정치적, 경제적, 행정적, 윤리적인 기타 외부요인에 의해 특정 유형의 성과 측정 방법이 장려되거나 그와 반대로 사용이 금지되는 정도의 수준을 의미한다.

06 CHAPTER

사회복지 프로그램의 책무성과 효과성

1. 사회복지 프로그램의 책무성

1) 책무성 요구의 배경

책무성(accountability)의 문제 제기는 서구복지국가 1970년대, 1980년대 복지국가 위기를 거치면서 대두되기 시작했다. 책무성 문제의 주요 내용을 살펴보면 비효율성, 약한 경쟁력, 도덕적 해이(moral hazard), 공금 유용 및 횡령(착복) 등에 관한 것이었다. 즉, 서비스의 비효과성, 사회복지사들의 자질 부족, 팀워크 해체, 근시안적 기획, 낭비, 노동 불균형 초래 등이 지적되었다(Sheldon, 1996).

이러한 책무성의 문제를 해결하기 위해서 수행성, 법규 준수성, 직원의 자질 등에 대한 행정적 차원에서 정확한 통제와 관리가 요구되기 시작했다. 이를 통해 사회복지조직에 대한 사회적 신뢰를 회복할 수 있으며, 사회적 지지와 지원 또는 향상에 기여하게 되었다. 따라서 책무성(accountability)은 사회복지 행정에 있어 핵심 가치이며 기준이라 할 수 있다(정무성, 2012).

2) 책무성의 개념 및 유형

책무성(accountability)의 의미는 책임감(responsibility)의 개념보다 포괄적 의미로 사용된다. 즉, 책임감이 어떠한 특정 과업 수행에 대한 책임을 지는 것을 의미한다면 책무성은 과업 수행의 책임감에 더하여 그 수행의 정당성(正當性)을 포함하는 개념이다. 여기서 정당성(正當性)의 사전적 의미는 "사리에 맞아 옳고 정의로운 성질"로 표현되며, "옳고 바른 것이기에 마땅히 해야 하는 것"이라는 속성을 가지고 있다.

사회복지실천에서의 책무성이란 "사회복지 프로그램 또는 조직이 주어진 자원을 가지고 어떤 구체적인 목적을 얼마나 효과적 또는 효율적으로 달성했는가 하는 것을 객관적으로 증명할 것을 요구하는 것"이라 정의할 수 있다. 조직외부, 즉 지역사회, 클라이언트 집단 등에 프로그램에 대한 책임감과 정당성을 증명할 수 있는 능력을 의미한다. 따라서 사회복지사에게 있어 책무성은 사회복지서비스 소비자인 클라이언트, 지역사회, 감독행정기관에 대해 전문가가 가져야 할 책임과 의무이다. 그리고 사회복지실천에서 강한 책무성 확보는 효율적이며 공정하고 윤리적인 활동을 가능하게 하는 데 필수적인 요소이다.

그리고 책무성을 확보하기 위한 가장 기본적인 수단은 프로그램을 논리적이고 체계적으로 기획하고 이를 관리하는 것이다.

Rossi와 Freeman(1993)은 책무성을 여섯 가지 유형으로 분류하여 설명하고 있다. 즉, 적용대상 책무성, 서비스 전달 책무성, 영향 책무성, 효율 책무성, 재정 책무성, 법률 책무성으로 분류하였다.

① 적용대상 책무성(coverage accountability)

'서비스 대상은 누구인가?' 그리고 어떠한 특성을 가진 대상자를 선택할 것이며, '그들에게 제공되는 서비스 내용은 무엇인가?' 등의 대상자 적용에 관한 책무성을 의미한다.

② 서비스 전달 책무성(service delivery accountability)

사회복지조직에서 사회복지사에 의해 계획된 서비스를 클라이언트에게 제대로 전달되도록 하는 책무성을 의미한다.

③ 영향 책무성(impact accountability)

제공된 서비스가 클라이언트의 긍정적 변화에 영향을 미치는 것에 대한 워커의 책무성을 의미한다.

④ 효율 책무성(efficiency accountability)

클라이언트에게 제공된 서비스에 대한 비용적 측면에서의 책무성을 의미한다.

⑤ 재정 책무성(fiscal accountability)

재무회계와 관련한 예산 집행 및 보고에 있어서의 투명성에 대한 책무성을 의미한다.

⑥ 법률 책무성(legal accountability)

클라이언트에게 제공되는 모든 서비스는 법에서 요구하는 계약 조건을 준수하여야 하며 이에 대한 책무성을 의미한다.

3) 사회복지의 이념과 가치

이념(ideology)이라는 용어는 프랑스의 Destutt De Tracy의 관념학에서 최초로 사용되었으며, 사전적으로는 "개인의 가치, 경험, 정치적 신념, 도덕적 수준, 인류를 위한 열망 같은 관념체계 또는 사고방식"을 의미한다. 좀 더 쉽게 설명하자면 "어느 공동체 또는 사회가 가장 중요하게 생각하는 가치이자 신념체계"라 정의할 수 있다. 예를 들면, 자본주의(capitalism)의 경우 그 사회 또는 공동체가 가장 중요하게 생각하는 것은 자본(돈)인 것이다.

가치(values)의 사전적 의미는 "문화, 집단 또는 개인이 바람직하다고 생각하는 관습, 행동규범과 원칙"들을 말한다. 미국사회복지사협회(NASW : National Association of Social Workers)는 가치들에 대해 그들의 사회사업실천 분류기준(Standards for the classification of social work practice)에 다음과 같이 제시하고 있다.

첫째, 사회 내 개인의 우선적 중요성에 대한 의무

둘째, 클라이언트와의 관계에 있어서 비밀 보장 존중

셋째, 사회적으로 인식된 욕구를 충족시키기 위한 사회변화에 대한 의무

넷째, 전문적인 관계로부터 사적인 감정과 욕구를 분리하려는 태도

다섯째, 타인들에게 지식과 기술을 전달하려는 태도

여섯째, 개인과 집단의 상이성에 대한 존중과 이해

일곱째, 클라이언트 스스로를 돕기 위한 클라이언트의 능력을 개발하는 의무

여덟째, 좌절에도 불구하고 클라이언트를 위한 노력을 지속하는 태도

아홉째, 사회정의와 사회의 모든 성원들의 경제적, 신체적, 정신적 복지에 대한 의무

열째, 개인적이고 전문적 행동규범에 대한 높은 수준의 의무

사회복지의 이념과 가치는 각 나라마다 정치적, 사회적, 문화적 환경

에 따라 차이가 있으며, 본 서에서는 보편적이고 공통적으로 적용되고 있는 사회복지 실천 이념에 대해 제시하고자 한다.

한국사회복지사협회(KASW : Korea Association of Social Workers)에서 제시한 사회복지사 윤리강령 전문 및 내용에는 사회복지실천 이념과 더불어 우리가 실천해야 할 바람직한 지침인 실천 가치에 대해 제시하고 있다. 그 내용 중 사회복지실천 이념과 가치는 윤리강령 전문에 명확히 제시하고 있으며 그 내용을 간단히 살펴보고자 한다.

KASW 사회복지사 윤리강령 전문

사회복지사는 인본주의·평등주의 사상에 기초하여, 모든 인간의 존엄성과 가치를 존중하고 천부의 자유권과 생존권의 보장활동에 헌신한다. 특히 사회적·경제적 약자들의 편에 서서 사회정의와 평등·자유와 민주주의 가치를 실현하는 데 앞장선다. (이하 생략)

앞서 제시한 KASW의 사회복지사 윤리강령 전문에는 "사회복지사는 인본주의·평등주의 사상에 기초하여~"라고 첫줄에 사회복지의 실천 이념에 대해 명확하게 제시하고 있다. 즉, 인본주의(humanism)와 평등주의(equalitarianism)는 사회복지사들이 가장 중요하게 생각해야 하는 사회복지 실천 사상 또는 신념이다.

인본주의(humanism)의 사전적 의미를 위키백과에서는 "철학 사유 체계의 근원으로서 인간의 존재를 중요시하고 인간의 능력과 성품 그리고 인간의 현재적 소망과 행복을 귀중하게 생각하는 정신이다"라고 정의하고 있다. 즉, 인간의 가치를 주된 관심사로 여기는 사상이며, 모든 것을 행함에 있어 중심은 인간이라는 신념 또는 사상이라는 것이다.

평등주의(equalitarianism)란 "모든 인간은 그 본질적 가치에 있어 동등하고, 사회에서 권리 또는 위세를 획득할 균등한 기회를 갖는다는 사상 또는 신념이다." 평등주의이념을 최초로 전개한 스토아학파(Stoicism)는 모든 인간은 덕(德)에 대한 동등한 능력을 갖춘 이성적 존재로서 천성적으로는 평등하다고 보았다. 사회복지에서의 평등의 문제는 자원배분에 있어서의 평등, 권력분배에 있어서의 평등, 기회의 평등, 결과의 평등, 수량적 평등, 비례적 평등 등 각 학자마다 다양한 형태로 분류하여 평등에 대해 설명하고 있다.

이처럼 '평등(equality)'이란 사회복지정책 및 실천에 지대한 영향을 미치고 있다. 특히 평등의 가치는 자원과 기회를 평등하게 분배하는 식으로 급여를 제공하여야 한다는 점을 제시하고 있다(Furniss & Tilton, 1977, 노병일, 2016 재인용).

이처럼 사회복지실천 이념을 사회복지사들의 실천 사상으로 삼고 이를 바탕으로 가치들을 실천해야 한다. KASW 사회복지사 윤리강령 전문에서 "사회적·경제적 약자들의 편에 서서 사회정의와 평등·자유와 민주주의 가치를 실현~"에서도 사회복지 실천 가치를 제시하고 있다. 즉, 정의, 평등, 자유, 민주주의 등은 사회복지사들이 사회복지 실천에서 지켜야 할 가치들이다. 따라서 사회복지사는 사회복지의 실천 이념을 통하여 실천해야 할 가치들을 구체화할 수 있으며, 이를 정책 또는 프로그램 개발에 적용하도록 노력해야 할 책무가 있다. 이러한 책무는 클라이언트의 삶에 직접적으로 영향을 미치는 것이기에 더더욱 사회복지사는 실천이념과 가치를 실천하려는 노력을 해야 한다.

2. 사회복지 프로그램의 효과성

1) 사회복지 프로그램 효과성의 개념과 의의

효과성(effectiveness)이란 조직 또는 프로그램의 목표 성취 또는 목표 달성의 정도(degree of goals achievement)로 설명할 수 있다. 여기에서 조직 또는 프로그램의 목표는 내부 자체의 생존 유지를 위한 목표와 사회적 목표로 제시된다. 따라서 조직 또는 프로그램의 목표가 외적이냐 또는 내적이냐에 따라 활용되는 지표가 달라지며, 목표 성과의 정도도 다르게 나타난다. 이러한 외적 목표와 내적 목표 중 우선시되어야 하는 것은 외적 목표이다. 외적 목표는 사회적 목표에 관심을 갖고 이 부분의 효과성에 필요한 지표를 사용하게 되는데, 일반적으로 '서비스의 질'을 성과 지표로 사용한다. 그러나 '서비스의 질'을 측정하는 것이 쉽지 않은 이유로 사회복지 프로그램에서는 과정기준, 구조기준, 성과기준 등의 기준들을 통해 서비스 질을 측정한다. 그 내용을 살펴보면 다음과 같다.

첫째, 과정기준의 경우 서비스의 질은 개별 서비스 이용자들에게 행해지는 활동을 근거로 지표를 만든다. 즉, 서비스 이용자의 문제, 제공된 서비스의 종류, 제공된 서비스의 적절성, 서비스의 성공 여부 등이 이에 해당하는 지표들이다.

둘째, 구조기준의 지표는 조직의 업무 수행 능력 또는 잠재력에 관심을 가지며, 조직 전체에 대한 특성에 초점을 맞춘다. 이에 해당하는 지표는 제공된 서비스의 다양성, 시설의 접근성 및 적합성, 실무자들의 교육 수준 및 자격증 보유 수준, 정보시스템 수준, 회계시스템 수준, 결재라인 체계 등이 있다.

셋째, 성과기준은 서비스의 결과 또는 성과를 통해 나타난 클라이언트의 변화를 측정한다. 즉, 경제적 수준 여부, 건강상태의 호전 여부, 취업성공 여부 등의 지표들이 이에 해당하며, 대부분의 경우 과정수준 또는 구조기준의 지표들을 활용하여 성과기준에 대한 효과성을 측정한다.

프로그램의 효과성 측정은 프로그램 개시 시점의 최초 목표에 대한 프로그램 종결 후 목표 달성 여부를 측정하는 것이다. 이처럼 프로그램의 효과성 평가에 의해 나온 평가 결과물은 결국 이를 바탕으로 프로그램을 확대할지 중단할지 또는 축소할지, 그리고 현상유지를 하게 될지에 관한 근거를 제시해 주며, 이것이 프로그램 효과성에 대해 평가를 하는 이유이다.

PART 02

사회복지 프로그램 적용 모델의 이해

제7장 체계이론과 로직모델의 이해
제8장 사례적용을 통한 로직모델 이해

07
CHAPTER

체계이론과 로직모델의 이해

1. 체계이론의 개념

1) 체계이론의 개념 및 프로그램 구성요소

(1) 체계이론의 개념

사회복지 프로그램은 전 과정을 통해 문제해결의 효과성을 검증하게 되는데, 프로그램 전 과정에 사회복지 프로그램 개입이론을 적용하여 프로그램의 체계성과 논리성을 보다 더 확보할 수 있다. 사회복지 프로그램 개입이론은 사회복지 실천현장에서 다루어 왔으며, 사회복지 실천현장에서 가장 많이 적용하는 이론은 체계이론(system theory)이다. 체계이론은 2부에서 다룰 로직모델의 모체로 이해하면 좋을 듯하다. 체계이론은 하나의 체계를 구성하는 요소들이 체계의 공동 목적을 달성하기 위하여 상호 유기적 관계를 가지며 발전한다는 이론이다. 체계이론에서는 일정한 환경 속에서 투입(in-puts), 전환(through-puts), 산출(out-puts), 성과(out-comes), 환류(feedback)의 과정을 반복하면서 환경에 적응하고 체계를 발달시킨다고 설명하는 이론이다. 즉, 체계이론에서의 프로그램 구성요소는 투입, 전환(활동), 산출, 성과로 구성된다.

2) 체계이론적 관점에서의 프로그램 구성요소

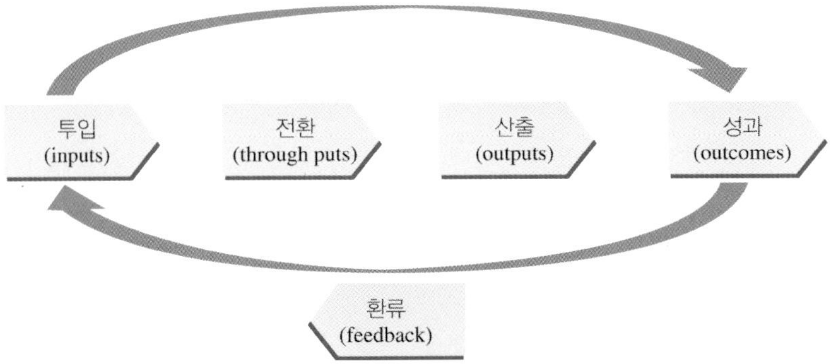

| 그림 7-1 | 체계이론의 기본 틀

(1) 투입(In-puts)

투입(in-puts)이란 프로그램에 투입되는 자원을 의미한다. 예를 들면, 직원, 자원봉사자, 기획시간, 돈, 지식 또는 정보의 기반, 전문가, 공간, 기술, 장비, 후원자 등이 이에 포함된다. 투입단계에서 사회복지사는 프로그램의 궁극적 목적, 즉 클라이언트 측면에서의 목적과 조직적 측면에서 목적을 달성하기 위해 필요한 자원이 무엇인지에 대한 고려를 해야 한다.

(2) 전환(Through-puts)

전환(through-puts; 활동 activities)이란 투입된 자원을 서비스 활동으로 전환시키는 것을 의미한다. 전환과정에서 생산된 서비스 활동은 중간

산출물이기도 하다. 예를 들면, 상담, 취업교육, 정보제공, 사례관리 등이 이에 포함된다. 프로그램 전환과정에서 사회복지사는 클라이언트의 문제와 욕구에 부합한 서비스를 찾아야 하며, 서비스의 업무내용과 개입 방안을 고려해야 한다.

(3) 산출(Out-puts)

산출(out-puts)은 서비스 종료를 통해 생산된 직접생산물의 실적을 의미한다. 여기에서의 실적은 양적실적을 의미한다. 산출을 통해 얻어진 양적실적을 통해 클라이언트의 얼마만큼 영향을 미쳤으며, 그것을 통해 어떠한 변화가 있었는지를 파악하기는 어렵다. 예를 들면, 상담 횟수, 교육 수료자 수, 가정방문 횟수 등이 이에 포함된다.

(4) 성과(Out-comes)

성과(out-comes)란 사회복지 서비스를 통해 개인 또는 집단, 지역사회 등 클라이언트의 문제해결 또는 욕구충족을 통한 변화 정도를 의미한다. 즉, 성과는 프로그램 개입 후의 클라이언트에게 나타난 변화이다. 예를 들면, 자존감의 향상, 취업을 통한 경제상황 개선, 알코올 의존도 감소, 환경개선, 안전사고 감소 등이 이에 포함된다. 사회복지실천에서는 실적의 양보다는 클라이언트의 정적(+)방향으로의 변화를 이끌어 내는 것이 가장 중요한 과업이다. 따라서 성과 달성을 위한 세밀한 프로그램 기획이 이루어져야 한다.

(5) 환류(Feedback)

환류(feedback)는 각 단계에서 나타날 수 있는 문제점 및 오류를 검토하여 이를 수정하여 프로그램의 효과성과 효율성을 도모할 수 있도록 하는 단계이다.

2. 로직모델(Logic Model)의 개념과 구성요소

1) 로직모델의 개념

로직모델(logic model)은 1970년 미국의 Joseph Wholey 등이 개발한 성과측정 및 관리모형으로 그동안 공공조직, 비영리조직, 영리기업 등 모든 분야에서 활용되어 왔다(이민홍 외, 2012). 미국의 자선단체인 United Way of America(1996)에서 결과 중심의 프로그램 평가 매뉴얼 발표와 어린이들의 복지 증진을 위해 설립된 켈로그 재단(W. K. Kellogg Foundation, 2000)에서는 로직모델 개발에 관한 가이드라인을 제시하는 등 로직모델 대중화에 기여하였다(김동립 · 이삼열, 2011). 우리나라의 경우는 사회복지공동모금회에서 2008년부터 연구를 진행해 왔으며, 2009년부터 배분사업에 로직모델을 기반으로 한 성과관리 방안이 연구되었다(김가율 외, 2009; 김교정 외, 2008). 이즈음에 사회복지실천 현장에서도 프로그램 개발에 로직모델에 기반한 성과측정 시스템을 적용하기 시작하였다.

로직모델은 프로그램의 투입, 활동(전환), 산출, 성과 간의 관계를 보다 체계적이고 논리적으로 기획하며, 성과를 구체적으로 측정하고 평가하는 틀 또는 도구라 할 수 있다. 즉, 체계이론의 구성요소들 간의 관계를 보다 논리적으로 표현한 도표이다.

로직모델의 개념은 평가에 기반을 두고 있다. 즉, 로직모델은 프로그램의 구성요소를 연결하여 논리적으로 평가하는 데 유용하다. 그리고 로직모델은 프로그램 목표달성을 확인하는 것뿐만 아니라 평가이론의 구축과 프로그램의 발전을 연결하는 데 매우 유용한 모델이다(A. McLauhlin, et al., 1999; D. Helizer, et al., 2010). 로직모델은 투입에서 성과에 이르기까지 전 과정의 연결고리를 그림 또는 도표(diagram)로 표현하여 프로그램의 목적 달성을 위한 활동을 통해 얻어진 성과를 구체화하고 프로그램의 성과평가의 개념적 틀을 제공함과 동시에 프로그램의 전체적 그림을 이해하는 데 유용한 도구라 할 수 있다. 최근 사회복지 실천현장의 많은 실무자들이 활용하는 프로그램 개발 모델이다.

로직모델은 프로그램을 기획하는 사회복지사들에게 이러한 질문을 하게 한다. 즉, "우리가 투입하는 자원은 무엇인가?", "우리가 해야 하는 활동은 무엇인가?", "그리고, 서비스 활동을 통해 얻어지는 성과는 무엇인가?"라는 질문들 간의 관계를 도표화하여 프로그램의 전체적 그림을 그리는 것이다. 그리고 로직모델은 if~then(만약에 이렇다면 ~일 것이다) 구조의 논리적 연결 관계로 이루어져 있으며 그 예는 다음 **| 그림 7-2 |** 와 같다.

(프로그램명 : 노인 빈곤문제 해결을 위한 노인취업훈련 프로그램)

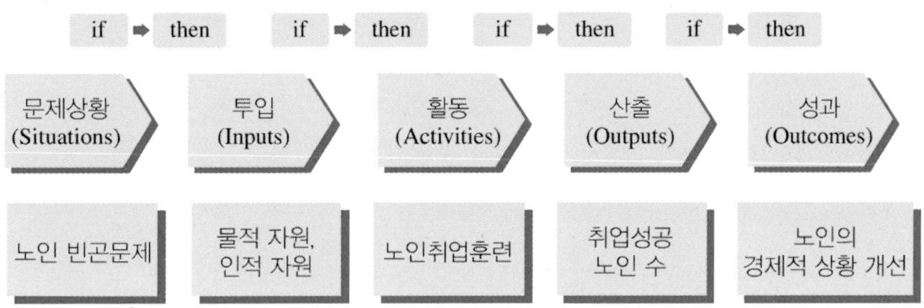

| 그림 7-2 | 로직모형 구성절차의 예

로직모델의 논리 구조를 통해 ❙그림 7-2❙의 구성적용 절차의 예를 로직모델의 논리 구조를 통해 기술하면 다음과 같다.

적용예시

1. **현재의 프로그램 사명** : <노인 빈곤문제 해결을 위한 노인취업훈련 프로그램>
2. **활동을 통해 클라이언트집단에게 제공되는 서비스** : <빈곤상태에 있는 노인> 들에게 <취업훈련을 통한 일자리> 제공
3. **예상되는 긍정적 변화(성과)** : 빈곤노인들의 상태는 <경제적 상황 개선>

2) 로직모델의 구성요소

로직모델의 구성요소는 수행계획과 의도하는 결과로 설명할 수 있다. 즉, 수행계획에서의 구성요소 중 투입과정에서는 과업수행을 위한 인적 자원, 재정적 자원, 지역사회 자원, 기관 자원 등이 포함되며, 활동과정은 프로그램의 의도적 개입을 의미한다.

의도하는 결과는 활동을 통해 얻어진 직접적 생산물과 단기/ 중기/ 장기성과를 통해 얻어진 클라이언트의 변화를 의미한다.

로직모델의 구성요소는 대부분 다섯 가지로 제시되지만 본 서에서는 성과지표를 포함하여 여섯 가지 구성요소로 제시하였다. 즉, 문제 상황, 투입, 활동(전환), 산출, 성과, 그리고 성과지표이며, 그 내용을 자세히 살펴보면 다음과 같다.

(1) 문제 상황

문제 상황(situations)이란 프로그램을 기획해야 할 이유이며 클라이언트의 문제 또는 욕구를 의미한다. 이 단계에서는 해결되지 않은 클라이언트의 욕구 혹은 문제를 변화시켜야 하는 필요성 또는 당위성에 대해

설명하는 단계이다. 예를 들면, 서비스 또는 자원의 부족, 영양결핍 상태, 건강문제, 실업문제, 환경문제 등이 이에 속한다.

(2) 투입

투입(in-puts)이란 프로그램 과정에서 투여되거나 소비된 자원을 의미한다. 예를 들면, 인적 자원(스텝, 자원봉사자 등), 물적 자원(자금/ 예산, 물품 등), 시설장비(시설 및 공간, 장비 등), 이론과 지식, 서비스전달체계 등이 이에 속한다.

(3) 활동(전환)

활동(전환; activities)이란 프로그램의 목적을 달성하기 위해 투입물을 바탕으로 수행되는 구체화된 서비스를 제공하는 단계를 의미한다. 예를 들면, 상담, 취업훈련 및 교육, 보호서비스, 자조모임, 사회적응훈련, 아동학대예방캠페인, 노인일자리 등이 이에 속한다.

(4) 산출

산출(out-puts)이란 프로그램 활동의 직접적인 생산물 또는 결과물을 의미한다. 즉, 서비스 제공을 통해 얻어진 양적 실적이며, 양적 실적 자체로는 클라이언트의 변화량을 측정할 수 없다. 예를 들면, 상담 횟수, 취업교육 수료자 수, 출석률, 제공된 서비스 시간 등이 이에 속한다.

(5) 성과

성과(out-comes)란 프로그램 활동 시에 또는 종료 후 클라이언트들이 얻게 된 변화 또는 이익을 의미한다. 즉, 제공된 프로그램을 통해 얻게 되는 클라이언트의 변화량을 의미한다. 예를 들면, 새로운 지식 기술의 향상, 태도 및 가치관의 변화, 행동의 변화, 조건 및 위치의 변화 등이 이에 속한다. 성과는 '~향상되다', '~증가(감소)하다', '~변화하다' 등의 표현으로 서술된다.

(6) 성과지표

성과지표(outcome indicators)는 성과의 활동을 나타내며 관찰 및 측정 가능한 클라이언트 특성과 변화를 서술한다. 예를 들면, '학습태도 변화'가 프로그램을 통해 달성한 목표로 설정되었다면, 성적표, 숙제수행 횟수, 출석률 등이 성과지표가 될 수 있다.

3. 전통적 서비스 프로그램 모델과 로직모델 비교

1) 전통적 서비스 프로그램 모델

전통적 서비스 프로그램 모델(traditional service program model)의 구성요소는 ❙그림 7-3❙과 같이 투입, 활동, 산출로 구성되어 있으며, 이 모델은 특히 성과, 즉 클라이언트의 변화보다는 양적 생산물인 실적, 즉 산출 결과물을 강조하는 경향이 있다. 따라서 최근 사회복지 실천현장에서는 양적 생산물(실적)보다 클라이언트에게 긍정적 영향을 미치는 정도와 긍정적 변화에 관심을 갖게 되면서 활용도가 줄어드는 모델이다. 즉, 전통적 서비스 프로그램 모델은 수요자 중심이 아닌 공급자 중심으로 설계되며, 산출을 중요시하는 경향이 있어 프로그램을 통해 클라이언트의 이익과 변화에 관심을 두지 않는다는 단점이 있는 모델이다.

❙그림 7-3❙ 전통적 서비스 프로그램 모델

2) 전통적 서비스 프로그램 모델과 로직모델 비교

미국을 중심으로 사회복지 실천현장에서는 앞서 설명한 전통적 서비스 프로그램의 단점을 극복하고자 개발 적용된 모델이 로직모델(logic model)이다.

로직모델은 전통적 서비스 프로그램 모델의 경우와 달리 성과와 성과측정을 중요시한다. 또한 전통모델의 경우 공급자 중심의 프로그램 모델이었다면 로직모델은 수요자 중심의 프로그램 모델이다. 그리고 전통모델의 경우 양적 생산물, 즉 실적을 중요시한 반면에 로직모델은 클라이언트의 이익과 변화에 관심을 갖는다. 따라서 로직모델은 사회복지조직의 입장에서 보면 지역사회의 다양한 이해관계자들에게 조직의 노력과 기여도를 명확히 보여줄 기회를 얻을 수 있다. 그리고 프로그램의 성과에 대해서 지역사회에 홍보가 가능한 모델이다.

| 그림 7-4 | 새로운 서비스 프로그램 모델 : 로직모델(logic model)

CHAPTER 08

사례적용을 통한 로직모델 이해

1. 로직모델의 사례적용

문제 상황 (Situations)	투입 (Inputs)	활동 (Activities)	산출 (Outputs)	성과 (Outcomes)
· 남한사회의 문화 이질감의 문제로 인한 지역사회 부적응 · 자녀양육 및 교육의 문제 · 정보 및 기술 부족으로 인한 취업의 어려움	· 사회복지사 1명 · 심리상담사 1명 · 문화해설사 1명 · 직업훈련 강사 3명 · 교육실 1실 · 대학생 자원봉사자 10명 · 결연가정 10가정 · 슈퍼바이저 1명 · 협력단체 또는 업체 5곳	· 직업훈련 · 진로지도 · 결연가정 연계 · 결연가정 교육 · 문화탐방 · 가족캠프 · 상담서비스 · 자녀양육지원서비스 · 자녀교육지원서비스	· 직업훈련 수료자 20명 · 진로지도 10회 · 결연 연계 10가정 · 문화탐방 10회(연) · 가족캠프 2회(연) · 상담서비스 20회(연) · 자녀양육지원도우미 파견 10회 · 자녀교육지원서비스 주 1회(10개월)	· 지역사회 적응력 향상 · 남한사회의 문화 이질감 감소 · 자존감 향상 및 우울감 감소 · 정보 및 기술습득으로 취업 경쟁력 강화 및 성공

▌그림 8-1▐ 사례적용 1 : 새터민 가정의 지역사회 적응을 위한 통합사회지원서비스

▌그림 8-1▐ '새터민 가정의 지역사회 적응을 위한 통합사회지원서비스'의 사례적용을 설명하면 다음과 같다.

① 사회복지사는 새터민 가정의 문제 상황(situations)을 파악하기 위한 전문적 노력을 통해 그들의 문제가 무엇인지를 정확히 파악하여 제시한다. 이를 위해 대상자들의 문제 파악을 위한 당사자 혹은 주변 환경에 대한 조사를 실시한다. 그리고 문제 상황을 정확히 파악함과 동시에 대상자들의 욕구가 무엇인지를 파악하여 무엇이 결여되어 있으며, 무엇이 필요한지를 찾아내는 것이 중요하다. 이를 바탕으로 프로그램의 실행을 위한 활동과 성과의 방향을 설정할 수 있다. 사례적용 1의 경우 문제규정 및 욕구파악을 한 결과 남한사회의 문화이질감의 문제로 인한 지역사회 부적응의 문제, 자녀양육 및 교육의 문제, 정보 및 기술 부족으로 인한 취업의 어려움 등을 문제 상황으로 제시하고 있다.

② 그 다음 단계는 투입(inputs)단계로, 대상자의 문제규정과 욕구 파악이 되었으면 이를 해결하기 위한 가용 가능한 물적 자원, 인적 자원 등을 동원하여 투입한다. 투입된 자원은 물론 다음 단계의 활동단계에 투입되는 자원을 의미한다. 사례적용 1의 경우 문제 및 욕구 해결을 위해 인적자원(사회복지사 1명, 심리상담사 1명, 문화해설사 1명, 직업훈련 강사 3명, 대학생 자원봉사자 10명, 슈퍼바이저 1명), 물적자원(교육실 1실), 지역자원(결연가정 10가정, 협력단체 또는 업체 5곳) 등이 투입된 자원이다.

③ 활동(activities)단계에서는 실질적으로 대상자에게 제공되는 서비스를 의미한다. 즉, 투입된 자원을 통해 기획된 서비스 활동으로 이를 단위서비스라고 한다. 사례적용 1의 경우 서비스 활동으로 직업

훈련, 진로지도, 결연가정 연계, 결연가정 교육, 문화탐방, 가족캠프, 상담서비스, 자녀양육지원서비스, 자녀교육지원서비스 등을 제시하고 있다. 서비스 활동은 단위 서비스 또는 단위 프로그램을 의미하며 이를 통하여 대상자들의 문제 및 욕구를 해결하는 매개 또는 수단이 된다. 또한 이를 통하여 대상자들의 긍정적 변화를 이끌어 낼 수 있다.

④ 산출(outputs)단계는 프로그램 시행을 통해 발생하는 생산물 또는 산출물을 제시하는 것이다. 산출은 정량적 수치, 즉 명/ 횟수/ 시간 등의 단위로 제시된다. 사례적용 1의 경우 직업훈련 수료자 20명, 진로지도 10회, 결연 연계 10가정, 문화탐방 10회(연), 가족캠프 2회(연), 상담서비스 20회(연), 자녀양육지원 도우미 파견 10회, 자녀교육지원서비스 주 1회(10개월) 등의 산출물로 제시하고 있다.

⑤ 성과(outcomes)단계는 프로그램 시행의 결과로 나타난 변화 또는 효과를 의미한다. 즉, 성과는 '최초 대상자들의 문제수준이 서비스 활동을 통해 얼마만큼 변화하였는가?' 또는 '제공되는 서비스 활동이 대상자들의 문제를 해결하는 데 얼마만큼 효과가 있었는가?'를 제시하는 것이다. 여기서는 '~ 향상되다', '~ 감소되다' 또는 '~ 증가(대)되다', '~개선되다' 등의 동사로 표현된다. 이처럼 성과 목표가 결정되면 자연스럽게 성과지표, 즉 성과를 측정할 수 있는 지표 또는 측정도구가 필요하게 되며 이를 로직모델에서는 제시할 수 있다는 장점이 있다.

사례적용 1의 경우 서비스 활동을 통해 얻어낸 변화 또는 효과는 지역사회 적응력 향상, 남한사회의 문화 이질감 감소, 자존감 향상 및 우울감 감소, 정보 및 기술 습득으로 취업 경쟁력 강화 및 성공 등으로 제시하고 있다.

▌그림 8-1▐ 에서 제시한 바와 같이 로직모델을 프로그램 개발에 적용하면 문제 상황부터 성과에 이르기까지 프로그램의 전 과정을 한번에 파악할 수 있다. 여기에서 명심해야 할 것은 문제 상황에서 성과 및 성과지표 개발에 이르기까지 모든 단계가 내용 면에서 일치해야 하며 일관성을 가져야 한다는 점이다. 만약 프로그램 기획과정 중에 문제 상황이 명확하게 규정되지 않을 경우 기획의 나머지 전 단계에 영향을 미치게 된다는 것이다. 따라서 각 단계 간 내용 면에서 일관성을 가져야 함과 더불어 선행단계에서의 작업은 다음 단계에 결정적 영향을 미친다는 점을 꼭 명심해야 한다.

문제 상황 (Situations)	투입 (Inputs)	활동 (Activities)	산출 (Outputs)	성과 (Outcomes)
· 저소득층 아동의 야간 안전문제 · 저소득층 아동의 기초학습능력의 문제 · 저소득층 아동의 가족관계의 문제	· 사회복지사 1명 · 운전기사 1명 · 교육실, 놀이방 2실 · 대학생 자원봉사자 6명 · 슈퍼바이저 1명 · 협력단체 또는 업체 3곳	· 야간보호서비스 · 안전귀가서비스 · 무료급식 및 간식 제공 서비스 · 기초학습지원서비스 · 가족관계 개선 프로그램 · 상담서비스	· 야간보호서비스 (50주×주 5회×1일 4시간=1,000시간) · 안전귀가서비스 (50주×주 5회×1일 1시간=250회 제공) · 무료급식 및 간식 (50주×주 5회×1일 1시간=250회 제공) · 기초학습지원서비스(50주×주 5회×1일 1시간=250회 제공) · 가족관계 개선(월 1회×연 10회 실시) · 상담서비스 20회 제공(매 회당 30분)	· 저소득층 아동의 야간 안전 사고율 감소 · 저소득층 아동의 평균 신체발달지수 향상 · 저소득층 아동의 기초학습능력 향상 · 저소득층 아동의 가족관계 개선

▌그림 8-2▐ 사례적용 2 : 저소득층 방임아동의 보호 · 학습지원을 위한 야간보호서비스

▌그림 8-2▐ '저소득층 방임아동의 보호·학습지원을 위한 야간보호서비스'의 사례적용을 살펴보면 다음과 같다.

사례적용 2의 경우 문제 상황 및 욕구 파악을 위해 저소득층 방임아동 당사자와 그의 부모, 그리고 지역 환경 등을 조사 분석한다. 이를 바탕으로 ▌그림 8-2▐ 에 제시된 문제 상황(situations)은 저소득층 아동의 야간 안전문제, 저소득층 아동의 기초학습능력의 문제, 저소득층 아동의 가족관계의 문제 등을 제시하고 있다.

이러한 문제 및 욕구 해결을 위해 필요한 가용자원들을 투입단계에서 찾아 투입한다. 즉, 사회복지사 1명, 운전기사 1명, 교육실, 놀이방 2실, 대학생 자원봉사자 6명, 슈퍼바이저 1명, 협력단체 또는 업체 3곳 등을 제시하고 있다.

활동(activities)단계는 저소득층 방임아동들의 문제 및 욕구를 해결하는 매개 또는 수단이 되며 이를 통하여 아동들의 긍정적 변화를 이끌어 낼 수 있다. 여기에서 제시된 서비스 활동을 살펴보면 야간보호서비스, 안전 귀가 서비스, 무료급식 및 간식 제공 서비스, 기초학습지원서비스, 가족관계 개선 프로그램, 상담서비스 등을 제시하고 있다.

산출(outputs)단계는 서비스 활동을 통해 제공된 서비스의 양을 제시하며 그 내용을 살펴보면 야간보호서비스 1,000시간, 안전귀가서비스 250회, 무료급식 및 간식 제공 서비스 250회, 기초학습지원서비스 250회, 가족관계 개선 프로그램 10회, 상담서비스 20회 제공(매 회당 30분) 등을 제시하고 있다.

성과(outputs)단계는 앞서 설명한 바와 같이 '최초 대상자들의 문제수준이 서비스 활동을 통해 얼마만큼 변화하였는가?' 또는 '제공되는 서비스 활동이 대상자들의 문제를 해결하는 데 얼마만큼 효과가 있었는가?'를 제시하는 것이다. 사례적용 2의 경우 성과는 저소득층 아동의 야간 안전 사고율 감소, 저소득층 아동의 평균 신체발달지수 향상, 저소득층 아동의 기초학습능력 향상, 저소득층 아동의 가족 관계 개선 등을 제시하고 있다. 여기서도 앞서 설명한 바와 같이 '~향상되다', '~개선되다' 등의 동사로 표현한 것을 확인할 수 있다.

2. 좋은 프로그램의 조건

'좋은 프로그램이란 무엇인가? 학자 또는 전문가들의 다양한 의견들이 있겠지만 본 서에서는 이에 대한 답을 일곱 가지로 제시하고자 한다.

첫째, 좋은 프로그램의 조건은 적절한 대상자 선정과 대상자의 문제와 욕구를 정확히 사정하는 것이다. 여기에서 '적절'의 의미는 정도와 기준에 부합함을 의미하며 대상자 선정이 적절하게 이루어져야 한다. 또한 이들의 문제와 욕구가 무엇인지를 정확히 파악하는 것이 중요하다.

둘째, 좋은 프로그램의 조건은 공급자 중심의 프로그램이 아닌 수요자(클라이언트) 중심의 프로그램이어야 한다. 즉, 프로그램이 수요자인 클라이언트의 삶의 질 개선에 유용한 것이어야 한다.

셋째, 좋은 프로그램의 조건은 프로그램의 필요성이 명확하고 실현가능성에 대한 책무성을 담보할 수 있어야 한다. 즉, 프로그램이 클라이언트의 문제 및 욕구 해결에 꼭 필요하다는 당위성이 제시되어야 하며, 프로그램이 실천현장에서 실제로 실현될 수 있도록 책무성(accountability)을 가지고 있어야 한다.

넷째, 좋은 프로그램의 조건은 항상 새롭게 기획되는 프로그램도 좋겠지만 이보다 더 좋은 방법은 기존 실천현장에 적용하였던 프로그램을 수정·발전시키는 것이 더 바람직하며, 실무자들의 역량강화에 유익한 프로그램이어야 한다.

다섯째, 좋은 프로그램의 조건은 지역사회를 통해 지속적으로 유지될 수 있고, 타 기관 또는 타 지역에 확산될 수 있는 프로그램이어야 한다.

여섯째, 좋은 프로그램의 조건은 다양한 방식의 개입방법을 사용하기 보다는 클라이언트의 긍정적 변화에 유익한 개입방법에 집중할 수 있는 프로그램이어야 한다.

끝으로, 좋은 프로그램의 조건은 구체적인 평가방법이 제시되는 프로그램이어야 한다.

PART 03

사회복지 프로그램 개발 및 프로포절 작성 방법

제9장 사회복지 프로그램 개발
제10장 프로포절 작성 방법

09
CHAPTER

사회복지 프로그램 개발

1. 프로그램명 선정

1) 프로그램명 구성요소

(1) 프로그램명의 기본 구성요소

프로그램명은 기본적으로 프로그램의 주 대상자와 목적, 그리고 프로그램 수행방법으로 구성되며 프로그램 전체를 하나의 문장으로 함축해 놓은 것이다. 따라서 프로그램명은 프로그램의 대상과 목적 그리고 서비스 내용을 쉽게 파악할 수 있도록 작성해야 한다. 즉, 프로그램명은 사회복지 프로그램의 목적과 대상, 그리고 목적을 달성하는 방법 등 해당 프로그램의 서비스 내용과 성격을 쉽게 파악할 수 있도록 함축적으로 작성해야 한다. 프로그램명을 작성할 때 대상, 목적, 방법이라는 구성요소의 순서대로 작성하는 것이 일반적이지만, 구성요소를 굳이 제시하지 않아도 되는 경우에는 생략되거나 함축되기도 하고, 프로그램의 특성에 따라 혼용되어 작성되기도 한다. 때로는 목적을 포함하여 도달 가능한 수준을 구체적으로 제시하는 경우도 있다. 즉, 프로그램명에는 클라이언트 집단이 누구인지, 어떤 방법을 통해 클라이언트가 가지고 있는 욕구와 문제를 해결할 것인지를 포함시켜야 하고, 그것을 통해 궁극적으로 해결하고자 하는 목적이 제시되어야 한다. 이렇게 함으로써 프로그램의 제목을 읽어보는 것만으로 프로그램의 전체적인 방향성과 다른 프로그램과의 차별성을 가질 수 있다.

정리하면 프로그램명은 서비스 대상, 목적, 수행 방법(서비스)을 포함할 수 있는 내용으로 구성한다.

다음 <표 9-1>에 제시된 프로그램명은『결식아동의 균형 잡힌 영양 제공을 위한 '밑반찬 도시락 지원 사업'』이다. 프로그램명의 기본 구성요소 세 가지를 모두 포함하고 있다. 이 프로그램의 명칭만 보더라도 프로그램 서비스를 제공받는 대상자는 취약계층 중에서 식사를 제대로 하지 못하는 아동이며, 아동들에게 균형 잡힌 영양을 제공하기 위해 밑반찬 도시락 지원 서비스를 제공한다는 내용을 쉽게 파악할 수 있다.

〈표 9-1〉 프로그램명 작성 실례

대 상	목 적	수행방법(서비스)
결식아동	균형 잡힌 영양 제공	밑반찬 도시락 지원

(2) 프로그램명의 부제

프로그램명의 기본적인 세 가지 구성요소에 추가로 프로그램을 제출하는 공모기관이나 작성방법에 따라 프로그램의 내용을 더 잘 나타내기 위해 부제를 제시하기도 한다. 부제는 향후 프로그램을 진행할 때 또는 소개할 때 사업명을 대신하여 쉽게 부를 때 사용되기도 하는데, <표 9-2> 와 같이 부제는 결정 기준을 어느 구성요소에 중점을 두는지와 서비스 대상자가 직접 참여하는지 또는 수급만 받는 것인지에 따라 크게 네 가지 형태로 구분된다.

〈표 9-2〉 프로그램의 부제 결정 기준

부제 결정 기준		서비스 직접 참여 또는 수급	
		직접 참여	수급
중점 구성요소	대상 및 목적	프로그램의 방향성을 포함하여 표현	대상자의 긍정적인 변화 수준을 포함하여 표현
	수행방법	프로그램을 운영하는 사업단이나 수행도구 이름을 포함하여 표현	대상자에게 제공되는 실제 서비스를 포함하여 표현 (제목에 포함되면 생략)

<표 9-3>을 보면, 프로그램의 부제를 결정할 때는 첫째, 프로그램이 대상과 목적에 중점을 두는 상태에서 참여 대상자가 직접 서비스에 참여하는 것이라면, 프로그램의 방향성을 포함하여 부제를 표현할 수 있다. 예를 들어, '초고령 지역 내 청소년들이 재능 모아 펼치는 종합자원봉사활동 프로그램' 사업명의 경우에는 프로그램 부재를 '적재적소'라고 표현하였다. '적재적소'라는 부제는 이 프로그램이 참여대상자인 청소년이 초고령 노인이 많은 지역에 가서 노인들에게 직접 서비스를 제공해 주는 것이다. 따라서 부제는 프로그램의 방향성을 포함하여 표현되었다.

둘째, 프로그램이 대상과 목적에 중점을 두고 대상자가 서비스를 제공받는 것이 주가 되는 프로그램이라면 프로그램을 통한 대상자의 긍정적인 변화수준을 포함한 부제로 표현할 수 있다. 예를 들면, '성인장애인의 재활훈련 및 자존감 회복을 위한 맞춤형 건강코칭 프로그램'의 부제를 '이제는 건강이다'라고 표현하였다. 이 프로그램의 부제 '이제는 건강이다'를 보면 프로그램을 통해 참여대상자인 성인장애인의 긍정적 변화인 건강을 포함한 것을 알 수 있다.

셋째, 프로그램 수행방법에 중점을 둔 상태에서 대상자가 프로그램에 직접 참여하는 경우, 직접 운영되는 사업단의 이름이나 수행도구의 이름을 포함한 부제로 표현할 수 있다. 예를 들면, '농어촌 아동들의 심리 및 정서지원을 위한 문화지원 프로그램'을 운영할 때 실제적으로 공연단을 운영하게 되는데 그 공연단의 이름인 '울림소리 공연단 We'는 그 자체가 공연단의 이름이면서도 프로그램의 부제로 사용하고 있다.

넷째, 프로그램 수행방법에 중점을 두면서 대상자가 서비스를 제공받는 것이 주가 되는 프로그램이라면, 실제적으로 대상자에게 제공되는 서비스의 이름을 포함하여 표현할 수 있다. 예를 들면, '독거노인들의 맞춤 영양 공급을 위한 도시락 지원 프로그램'의 부제로 '행복플러스 영양도시락'으로 표현할 수 있으며, '독거어르신의 경제적 부담 감소를 위한 생활용품 지원 사업'이라면 '행복상자' 등을 부제로 표현할 수 있다. 이 외에 프로그램명을 작성할 때 위에서 언급한 부제가 이미 제목에 포함되어 있을 경우에는 생략하기도 한다.

〈표 9-3〉 프로그램의 부제 사용의 예

부제 결정 기준		프로그램명(부제)
구성요소	직접 참여/ 수급	
대상 및 목적	직접참여	• 지역주민 공동체 의식 향상과 역량강화를 위한 주민조직화 사업(사잇길) • 초고령 지역 내 청소년들이 재능 모아 펼치는 종합자원봉사활동 프로그램(적재적소)
	수 급	• 저소득 여성 한부모가정의 자립기반 마련을 위한 지역사회 상생프로젝트(도담[1]) • 성인장애인의 재활훈련 및 자존감 회복을 위한 맞춤형 건강코칭 프로그램(이제는 건강이다)
수행방법	직접참여	• 사별노인의 우울감 해소를 위한 음악활동 프로그램, 하나가 우리가 되어 만드는 실버앙상블(우리두리 소리나리) • 사회적 취약계층의 일자리 창출을 위한 창업훈련 지원사업(푸드트럭)
	수 급	• 장애아동의 건강과 안전을 위한 침묵의 살인자 1급 발암물질(석면 제거 및 전기안전 공사) • 독거어르신의 경제적 부담 감소를 위한 생활용품 지원사업(행복상자)

1) '야무지고 당차다'는 의미로 서비스를 통한 대상자의 긍정적인 변화를 의미하고 있다.

2) 프로그램명 구성요소 분석 실습

다음은 실제 프로포절에서 프로그램명을 어떻게 사용하는지를 보기 위해 빈곤, 질병, 소외라는 사회문제를 해결하고자 제공되는 서비스를 8개 영역으로 구분하여 작성사례를 제시한 것이다.

(1) 1영역-기초생계지원

- 프로그램명 : 『복지사각지대의 위기가정의 '긴급구호비 지원' 및 독거어르신의 안전한 외출을 위한 '실버카 지원' 사업』

<표 9-4>를 보면, 프로그램명에서 저소득가정과 독거어르신이라는 두 가지의 대상자를 제시한 것과 함께 각각 긴급지원 및 실버카 지원이라는 서비스를 통해 프로그램의 목적을 달성하고자 하는 전체의 내용을 알 수 있도록 작성한 것을 알 수 있다. 그리고 프로그램의 부제는 수행방법, 즉 서비스에 초점을 맞추었고, 제목 자체에 서비스명인 '긴급 구호비 지원'과 '실버카 지원'이 포함되어 있어 별도로 제시하지 않았다.

〈표 9-4〉 기초생계지원 영역의 프로그램명 작성 실례

대 상	목 적	수행방법(서비스)	부 제
저소득가정 / 거동이 불편한 독거노인	위기가정 발굴 및 대응 / 외출 및 신체활동 지원	조사를 통한 긴급지원 / 실버카 지원	생략

(2) 2영역-교육 · 자립 지원

- 프로그램명 : 『발달장애인의 일자리 창출을 위한 지역사회 맞춤형 자전거 세차 교육훈련 사업 - '세발자전거 세차장'』

<표 9-5>를 보면, 프로그램명에 대상이 발달장애인이며 직업교육과 취업연계 서비스를 통해 일자리를 제공한다는 내용이 포함되어 있다. 프로그램의 기획자는 프로그램의 부제를 제시하는 데 있어 장애인이 직접 참여하는 서비스로서 '세발자전거 세차장'이라는 사업단 명을 사용함으로써, 비교적 프로그램 참여자인 발달 장애인들에게 제공되는 서비스를 강조함과 동시에 대상자가 직접 서비스에 참여하여 교육을 받고 취업을 한다는 것을 알 수 있다.

〈표 9-5〉 교육 · 자립 지원 영역의 프로그램명 작성 실례

대 상	목 적	수행방법(서비스)	부 제
중증장애인, 발달장애인	발달장애인에게 적합한 일자리 모델 제시	직업교육/ 취업연계	세발자전거 세차장

(3) 3영역-주거환경개선

- 프로그램명 : 『도내 취약계층 거주지역의 범죄예방 및 온실가스 배출저감을 위한 'LED 보안등 교체와 지속적인 모니터링 지원 사업'』

<표 9-6>을 보면, 프로그램명에 대상이 범죄에 취약한 위험요인을 가지고 있는 지역에 거주하는 주민이라는 것과 서비스명, 그리고 서비스 제공을 통한 안전한 상태라는 긍정적인 변화를 기대하는 내용을 담고 있다. 이 프로그램의 부제를 제시하는 데 있어 클라이언트에게 제공되는 서비스가 매우 강조된 것으로 '보안등 교체와 지속적인 모니터링'이라는 서비스명이 프로그램에 포함되어 부제는 생략되었다.

〈표 9-6〉 주거환경개선 영역의 프로그램명 작성 실례

대 상	목 적	수행방법(서비스)	부 제
강원도 15개 시·군 범죄 취약지역 주민	안전한 보행환경 조성	보안등 교체 모니터링	생략

(4) 4영역-보건 · 의료지원

- 프로그램명 : 『저소득 취약계층 소아·성인 여성 화상환자의 신체기능 회복 및 사회복귀를 위한 '화상치료 지원 사업'』

<표 9－7>을 보면, 프로그램명에 대상이 화상을 입은 저소득 가정의 소아나 여성 환자임을 알 수 있다. 그리고 소득조사를 통해 선정된 클라이언트에게 의료비를 지원하고 지속적인 서비스를 제공함으로써, 화상 장애율을 감소시키고자 하는 프로그램의 목적을 포함하고 있다. 이 프로그램에서는 부제를 제시하는 데 있어 클라이언트에게 제공되는 서비스가 매우 강조되어 있으며 서비스명이 프로그램에 포함되어 부제가 생략되었다.

〈표 9-7〉 보건 · 의료지원 영역의 프로그램명 작성 실례

대 상	목 적	수행방법(서비스)	부 제
저소득 가정 소아· 성인 여성 화상환자	화상 장애율 감소	• 소득조사를 통한 의료비 지원 • 수술비, 외래비, 재활치료비 지원 및 모니터링	생략

(5) 5영역-심리 · 정서지원

- 프로그램명 : 『알코올 중독자의 심리·정서지원 및 사회복귀를 위한 꽃과 함께하는 단주 장거리 달리기 - '꽃단장'』

<표 9－8>을 보면 프로그램명이 대상자와 목적, 그리고 꽃을 활용

한 서비스를 제공한다는 것을 알 수 있도록 제시되었다. 이 프로그램에서는 부제를 '꽃단장'으로 제시하고 있으며 이는 클라이언트에게 제공되는 서비스가 꽃을 매개로 한다는 것을 매우 강조한 것이며, 원예치료에 참여하는 것을 포함하여 자격증까지 취득하도록 지원하는 것으로 대상자가 직접 서비스에 참여한다는 것을 알 수 있다.

〈표 9-8〉 심리 · 정서지원 영역의 프로그램명 작성 실례

대 상	목 적	수행방법(서비스)	부 제
음주폐해 경험자	• 정서적 회복을 통한 개인 치유 • 개인 역량강화를 통한 사회복귀	• 원예치료 • 원예강사활동 및 자격증 취득 • 트라우마 캠프 참가	꽃단장

(6) 6영역-소통과 참여확대

● 프로그램명 : 『지역사회 역량강화 및 지역공동체 문화형성을 위한 주민조직화사업 - '은빛 모꼬지'』

<표 9-9>를 보면 프로그램명이 대상자와 목적, 그리고 지역사회의 네트워크를 활용한 서비스를 제공한다는 것을 알 수 있도록 제시되었다. 이 프로그램에서는 부제를 '은빛 모꼬지'로 제시하고 있으며 이는 클라이언트에게 제공되는 서비스가 매우 강조된 것으로 대상자가 직접 참여하기도 하지만 그 자체가 하나의 모임의 명칭처럼 사용된다는 것을 알 수 있다.

〈표 9-9〉 소통과 참여확대 영역의 프로그램명 작성 실례

대 상	목 적	수행방법(서비스)	부 제
서비스 희망 지역주민	• 노인역량강화 • 지역공동체의식 향상	• 생활만족도 향상 프로그램 • 마을잔치 개최 • 마을 네트워크 운영	은빛 모꼬지

(7) 7영역-사회적 돌봄 강화

- 프로그램명 : 『학령기 아동의 건강한 성장 및 또래 관계 증진을 위한 야간보호사업 - '괭이밥 배움터'』

<표 9-10>을 보면, 프로그램명이 대상자와 목적, 그리고 아동기에 중요한 또래집단 및 학습지도 등의 서비스를 제공한다는 것을 알 수 있도록 제시되었다. 이 프로그램에서는 부제를 '괭이밥 배움터'로 제시하고 있으며 이는 클라이언트에게 제공되는 서비스가 매우 강조되고 있고, 대상자인 한부모 또는 맞벌이 가정의 아동이 서비스 수급을 받는 형태에 해당한다. 따라서 서비스를 통해 아동들이 밝게 잘 자란다는 긍정적인 변화의 의미가 포함된 부제인 '괭이밥 배움터'로 부제를 제시하고 있다.

〈표 9-10〉 사회적 돌봄 강화 영역의 프로그램명 작성 실례

대 상	목 적	수행방법(서비스)	부 제
한부모, 맞벌이 가정의 아동	• 건강한 성장지원 • 또래관계 증진 • 학업능력 향상	• 방임 예방을 위한 야간보호 • 또래관계 향상을 위한 놀이 프로그램 • 학습지도	괭이밥 배움터

(8) 8영역-문화 격차 해소

- 프로그램명 : 『청각장애인 문화예술 활동의 역량강화 및 사회참여 기회 확대를 위한 영화제작 프로그램 Ⅲ - 'D&D 영화제작단'』

<표 9-11>을 보면, 프로그램명이 대상자와 목적, 그리고 클라이언트의 역량과 사회참여 기회를 확대하고자 서비스를 제공한다는 것을 알 수 있도록 제시되었다. 이 프로그램에서는 부제를 'D&D 영화제작단'로 제시하고 있으며 이는 클라이언트에게 제공되는 서비스가

매우 강조된 것으로, 참여 대상자인 청각장애인이 직접 서비스에 참여하는 것이다. 따라서 부제 자체가 대상자가 참여하는 사업단명을 사용한 예라고 할 수 있다.

〈표 9-11〉 문화 격차 해소 영역의 프로그램명 작성 실례

대 상	목 적	수행방법(서비스)	부 제
청각장애인	영화제작에 대한 개인역량 강화와 사회참여 기회 확대	• 영화제작교육 • 영화제작 • 영화상영 • 자조모임 운영	D&D 영화제작단

연습문제 9-1

<표 9-3>에서 제시된 프로그램명 중 하나를 선택하여 프로그램명 구성 요소인 대상, 목적, 수행방법, 부제 등으로 구분하여 아래 표에 작성하시오.

대 상	목 적	수행방법(서비스)	부 제

2. 문제 확인 및 사업 필요성

클라이언트의 문제를 확인하고 욕구를 파악하는 것은 사회복지 프로그램에 정당성을 부여하는 것이며, 프로그램의 방향 설정을 위한 기초가 되는 매우 중요한 단계이다. 따라서 클라이언트의 욕구와 문제는 실제 현장을 조사하거나 실천 경험에서 발굴한 근거에 기초해야 한다(박경일 외, 2016).

클라이언트의 문제 확인 및 욕구파악을 위한 방법은 설문지 또는 관찰, 참여 등을 통해 직접 조사하는 1차 자료 수집 방법과 다른 조사자 또는 기관에 의해 수집되어 공개된 자료, 즉 학술연구자료, 기업체, 정부기관, 언론매체, 각종 조사기관의 간행물 등의 2차 자료를 수집하는 방법이 있으며 이를 통해 클라이언트의 문제나 욕구를 파악하여 구체적이고 이해하기 쉽게 시각화하여 제시하도록 한다.

1) 문제 확인

(1) 문제의 개념 및 실례

사회문제는 바람직하지 못한 사회적 조건이나 상황의 존재로 인해 많은 사람들이 그것의 개선이 필요하다고 생각하는 것이다(황성철, 2012). 즉, 문제는 여러 사람이 인지하고 있어야 하며, 그것에 대한 해결책 마련의 필요성이 인정되어야 한다. 이러한 문제는 사회적 위험, 지역적, 생애주기별, 사회 인구학적 요인으로 구분하여 설명할 수 있다. 사회적 위험 요인은 빈곤, 실업, 질병, 환경, 고령, 사망 등의 문제를 의미하며, 지역적 문제는 도시문제, 농촌문제 등으로 분류할 수 있다.

생애주기별로는 영유아문제, 아동문제, 청소년문제, 노인문제로 분류할 수 있다. 그리고 사회 인구학적으로는 장애인, 여성, 노동자, 농민, 한부모, 미혼부모 문제 등으로 분류할 수 있다.

이와 다르게 사회적 문제를 구조적 문제(빈곤, 소득재분배, 노동 등의 문제)와 해체적 문제(가족해체, 환경, 인구 등의 문제), 그리고 일탈적 문제(범죄, 청소년비행, 알코올 중독 등의 문제)로 분류하기도 한다(문수열 외, 2013).

사회복지공동모금회에서는 총 8개 영역, 즉 기초생계지원, 교육·자립지원, 주거·환경개선, 보건·의료지원, 심리·정서지원, 사회적 돌봄 강화, 소통과 참여 확대, 문화격차 해소로 구분하여 각각의 문제해결을 위한 프로그램을 지원하고 있으며, 참여대상은 7개 영역, 즉 아동·청소년, 노인, 장애인, 여성·다문화, 위기가정, 지역사회, 북한·해외·기타로 구분하여 제시하고 있다.

문제 확인 단계에서 해당 문제를 서술할 때는 <사례 9-1>에서와 같이 주제와 관련하여 기준이 명확해야 하고 추가적으로 그 문제의 심각성을 객관적 자료와 함께 제시하여 주도록 작성한다. 이렇게 함으로써 프로그램 개발의 정당성과 필요성 등을 증명해 줄 수 있는 기초자료를 확보할 수 있다.

사례 9-1

결식아동이란, 쌀이 없어 밥을 못 먹는 1차적 결식도 의미하지만, 2차적 결식, 즉 결식우려 아동도 의미하며 가정의 해체로 인한 한부모 가정의 자녀, 보호자의 질병과 장애, 부모의 가출, 저소득 맞벌이 부부 가정의 자녀 등과 같이 사회·경제적으로 결식 환경에 노출되어 있는 아동을 말한다.

이천시는 인구 20만 명의 중소도시로서 도시와 농촌이 공존하고 있는 지역이다. 이 중 복지대상자는 총 38,313명으로 이 중 수급가정, 한부모가정, 위탁가정, 소년·소녀 가장, 보육아동은 13,020명에 달한다. 도·농 복합지역으로 면적은 넓으나 총 인구수가 적은 것에 비해 복지대상자 수가 많아 근접보호 및 즉각적인 지원이 어려운 상황이다. 따라서 이천시 지역의 결식 환경에 노출된 아동에게 도시락을 지원하여 결식을 방지하고 건강한 신체발달을 지원하고자 한다. 또한 부모의 보살핌이 부족한 아동에게 먹거리 교육을 통해 건강한 식생활을 가질 수 있도록 돕고자 한다.

출처 : 2017년도 사회복지공동모금회 배분사례집, p. 10.

(2) 문제 확인 과정

클라이언트가 당면한 문제 확인을 비롯하여 클라이언트가 가지고 있는 욕구의 객관적 파악은 매우 중요하며, 문제를 확인하는 과정에서 사회복지서비스 및 자원의 결여 상태 확인, 증거자료 수집, 결여·불충분의 원인 탐색 등을 통해 클라이언트의 문제를 확인할 수 있다. 그 내용을 살펴보면 다음과 같다(신덕상 외, 2014).

① 사회복지 서비스 및 자원의 결여·불충분 확인

<사례 9-2>에서 제시한 바와 같이 '복지사각지대의 위기상황을 해결하기 위해 긴급복지지원제도가 시행되고 있으나 엄격한 자격기준과 타 법률에 따른 동일 또는 유사한 성격의 수급 여부 검증 등의 과정에 지나치게 많은 시간이 소요되어 위기 대응을 위한 긴급지원이라는 실효성을 거두지 못하고 있다'고 하였다. 이처럼 전혀 서비스가 제공되지 못한 경우를 포함하여 예전부터 구체적인 목적을 가지고 해당 서비스가 제공되고 있으나 그 효과가 충분히 발휘되지 못하는 것을 확인하는 것이 선행되어야 한다.

사례 9-2

2013년 1월 부산 해운대구에서 생활고를 비관해 자살한 30대 여성을 사망한 지 8개월 만에 발견하였으며 같은 해 9월 부산진구의 한 단독주택에서 사망한 지 5년 만에 60대 노인의 백골 시신이 발견되었다. 이와 같이 위기상황에 직면한 이웃들이 적절한 복지서비스를 받지 못하고 사망한 지 한참이 지나서야 발견되는 고독사 문제가 심각한 실정으로 이러한 복지사각지대의 위기상황을 해결하기 위해 긴급복지지원제도가 시행되고 있으나 엄격한 자격기준과 타 법률에 따른 동일 또는 유사한 성격의 수급 여부 검증 등의 과정에 지나치게 많은 시간이 소요되어 위기 대응을 위한 긴급지원이라는 실효성을 거두지 못하고 있다.

출처 : 2016년도 사회복지공동모금회 배분사례집, p. 15.

② 증거자료 수집

문제를 확인하기 위해서는 먼저 사회복지 서비스 또는 자원이 결여되었거나 불충분한 상태를 확인하고 그와 관련한 객관적인 자료를 수집하게 된다. 이때 자료를 수집하는 방법은 법적·윤리적 기준과 비교하는 방법, 구체적인 피해 사례를 제시하는 방법, 데이터를 통해 설명하는 방법, 연도별 추세 등으로 문제의 경향을 제시하는 방법, 타 지역이나 다른 집단과 비교하는 방법이 있다.

• 법적·윤리적 기준과의 비교

<사례 9-3>을 살펴보면, 독거노인에게 서비스(이·미용서비스, 환경개선서비스)를 제공하는 청소년 자원봉사 프로그램의 필요성을 제시하고 있다. 청소년들이 자신의 재능을 사회에 기여할 수 있도록 하고 공동체 의식을 함양할 수 있도록 하는 윤리적인 기준을 제시한다거나 독거노인의 삶의 질 향상을 위해 노인복지법상의 기준을 제시하면서 프로그램의 필요성을 강조하고 있다.

사례 9-3

① 청소년

청소년 자원봉사활동은 본인이 가진 정서적·신체적 자원을 바탕으로 사회나 타인을 위하여 대가 없이 일정 기간 수행하는 자발적이고, 계획적인 활동이다. 활동의 보람과 재미를 통해 자신이 가진 재능과 소질을 발견할 수 있으며, 공동체적 삶을 체험함으로써 건강한 인성을 형성하는 청소년 수련활동이다. 청소년들에게 있어서 재능 나눔 활동은 자신의 재능을 사회에 기여함과 동시에, 재능과 관련된 분야에 주도적이며 지속적으로 참여하게 되면서 관련 지식이나 정보를 얻을 뿐만 아니라 긍정적인 자아개념의 변화를 이끌어 낼 수 있다.

② 독거노인

고령사회로 진입한 우리나라는 노인세대의 사회적 고립과 노인우울증, 자살사망률이 증가하고 있다. 노인복지법 제2조에는 '노인은 후손의 양육과 국가 및 사회의 발전에 기여해 온 자로서 존경받으며, 안정된 생활을 보장받으며, 능력에 따라 적당한 일에 종사하고 사회적 활동에 참여할 기회를 보장받는 한편, 노령에 따르는 심신의 변화를 자각하여 항상 심신의 건강을 유지하고 그 지식과 경험을 활용해 사회의 발전에 기여하도록 노력해야 한다'라고 규정하고 있다. 이는 정부나 지자체는 물론 지역사회에서도 노인들이 안정된 삶을 살 수 있도록 노인들의 문제에 관심을 갖고 실천해야 한다.

출처 : 2017년도 사회복지공동모금회 배분사례집, p. 119.

- 구체적 피해 사례 제시

<사례 9-4>에서는 현재 클라이언트에게 제공되고 있는 서비스의 불충분함과 함께 실제 발생하였던 심각한 사례를 제시함으로써 사업의 필요성을 강조하고 있다. 첫 번째 사례에서는 긴급복지지원제도의 한계를 설명하면서 실제로 서비스를 제공할 지역에서 일어난 구체적인 피해 사례를 제시하고 있다. 두 번째 사례에서는 보육시설의 안전진단 결과를 통해 구체적인 위험요소를 제시함으로써 프로그램의 필요성을 강조하고 있다.

사례 9-4

① 2013년 1월 부산 해운대구에서 생활고를 비관해 자살한 30대 여성이 사망한 지 8개월 만에 발견되었으며 같은 해 9월 부산진구의 한 단독주택에서 사망한 지 5년 만에 60대 노인의 백골 시신이 발견되었다. 이와 같이 위기상황에 직면한 이웃들이 적절한 복지서비스를 받지 못하고 사망한 지 한참이 지나서야 발견되는 고독사 문제가 심각한 실정으로 이러한 복지사각지대의 위기상황을 해결하기 위해 긴급복지지원제도가 시행되고 있으나 엄격한 자격기준과 타 법률에 따른 동일 또는 유사한 성격의 수급 여부 검증 등의 과정에 지나치게 많은 시간이 소요되어 위기 대응을 위한 긴급지원이라는 실효성을 거두지 못하고 있다.

출처 : 2016년도 사회복지공동모금회 배분사례집, p. 15.

② 2012년 11월, 전문시공업체로부터 베타니아복지재단 산하 '베타니아 특수 어린이집'의 건축물 석면조사를 실시한 결과 810㎡(보육시설 면적)중 560㎡가 석면 천장재를 사용하고 있어 보육시설로 적합하지 않다는 통보를 받았기에 이에 대한 시설 개·보수가 시급한 상황이다. 아울러 건물의 노후화가 진행되고 있어 천장과 벽면 균열로 인한 누수로 천장 속의 전기 배선이 합선(화재)의 위험이 높았다. 각 보육실의 조명등은 사용 연한이 오래되어 조도가 낮아짐으로 LED등으로 전면 교체가 필요하다는 전기안전공사의 진단을 받은 바 있다.

출처 : 2017년도 사회복지공동모금회 배분사례집, p. 51.

- 피해 인원 등 데이터로 설명

문제를 확인하거나 욕구를 파악할 때 그와 관련된 객관적인 데이터를 파악하고 제시하면 매우 좋은 자료가 될 수 있다. <사례 9-5>에서 사례 ①과 사례 ②는 모두 정확한 출처를 밝히면서 서비스를 제공받는 대상자의 규모를 알 수 있는 데이터를 제시했다. 사례 ①은 프로포절을 작성하는 시기보다 다소 앞선 시기의 데이터이기도 하고 우리나라의 인구대비 5%라고만 제시되어 있어 정확한 규모를 파악하려면 최근 자료로 수

정해야 하는 한계가 있지만, 대상자의 장애발생 위험에 대한 객관적인 데이터를 제시함으로써 전반적으로 사업의 필요성을 증대시키는 효과를 볼 수 있다. 사례 ②, ③ 또한 각각 아동학대에 대한 심각성이나 노인일자리사업의 필요성으로 제시하는 효과가 있다. 특히 주의할 점은, 사례 ①과 사례 ②, ③의 차이를 살펴보면 사례 ①은 주요 내용을 먼저 한 줄로 제시하고 부연설명을 하였고, 사례 ②, ③은 설명만 제시하였다는 것이다. 짧은 시간 내에 많은 수의 프로포절의 내용을 파악해야 하는 심사위원의 입장에서 본다면 사례 ①처럼 작성하는 것이 프로그램 기획자의 의사전달에 더 효과적이라고 볼 수 있다.

사례 9-5

① 반복된 일상생활과 운동부족으로 인한 비만율과 만성질환 장애인 급증

2011년 보건복지부 통계에 의하면 장애인의 수는 고령화, 만성질환 증가, 사고 및 재해 등의 이유로 계속 증가하고 있으며(우리나라 인구 5%), 2008년 장애인 실태조사에서 3개월 이상 계속되는 만성질환 유병률은 장애인 75.9%로 비장애인 42.7%에 비해 높게 나타났다. 그뿐 아니라 비장애인에 비해 고혈압 2.3배, 심혈관질환 6.5배, 당뇨병 3.9배, 만성통증 16.2배로 더 높은 유병률을 가지며 비만 발생률은 1.2~3.9배 더 높다고 한다.

본원은 성인지체장애인 시설로 선천적 뇌손상으로 인한 장애 외에 후천적(교통사고, 산업재해, 뇌출혈 등) 장애로 입소한 장애인(89명 중 37명)들이 42%를 넘어서고 있다.

또한 장애부위별로 편마비, 하체마비, 팔·다리 절단 등 신체적 장애를 가진 지체 및 뇌병변 장애를 가진 장애인과 선천적 또는 후천적 사고의 뇌손상으로 인해 지적능력이 낮은 지적장애인, 지체와 지적장애의 중복장애인 등 장애분류상 다양한 장애(지체, 뇌병변, 지적, 시각, 언어, 간질, 정신장애)를 가진 식구들이 함께 생활하고 있다.

출처 : 2017 사회복지공동모금회 배분사례집, p. 73.

② 2000년 아동복지법 개정에 따라 전국에 아동보호전문기관이 설립되었으며,

2001년부터 2016년까지 아동학대 신고접수 건수는 꾸준히 증가하고 있는 추세임. 중앙아동보호전문기관에서 발표된 '2016 아동학대 속보치'에 따르면 최근 5년 사이 아동학대 신고 건수가 3배 가까이 급증했고, 전체 아동 중 27.5%가 월 1회 이상 상습적인 학대에 시달리고 있다는 조사 결과가 발표되었음.

출처 : 2017 사회복지공동모금회 배분사례집, p. 100.

③ 통계청 자료(2019)에 따르면, ○○구 인구는 2010년부터 2018년까지 245,195명에서 233,917명으로 감소 추세에 있는 반면, 전체 인구 중 65세 이상의 노인 인구인 고령비는 9.68%(23,734명)에서 15.11%(35,345명)으로 150% 이상이 증가했음. 전체가구에서 홀몸 어르신 가구가 차지하는 비율인 독거노인 비율도 2010년 4.4%였던 것이 2017년에는 8.3%로 거의 두 배가 증가한 것으로 나타남. 이러한 사회적 보호가 필요한 홀몸 어르신의 생활실태 및 복지욕구를 파악하여 정기적인 안전 확인, 보건·복지서비스 연계 등 사회 안전망 구축에 어르신 일자리의 연계를 고려해 볼 필요가 있음.

출처 : 2019 ○○시니어클럽 사업계획서.

- 연도별 추세 등 문제 경향 제시

문제 확인 및 욕구 파악 시 객관적인 근거자료를 적절하게 제시하면 좋은 자료가 될 것이며, 사업의 필요성을 극대화할 수 있다. 여기에 더해 프로그램의 주제와 관련한 데이터가 연도별로 줄어들거나 늘어나는 경향을 보여준다면 더욱더 좋은 자료가 될 수 있다. 데이터의 수집기간은 1년 단위, 5년 단위로 진행하는 경우도 있고, 패널데이터의 경우 4년 단위로 변화하는 데이터도 있다.

사례 9-6 **고령인구**

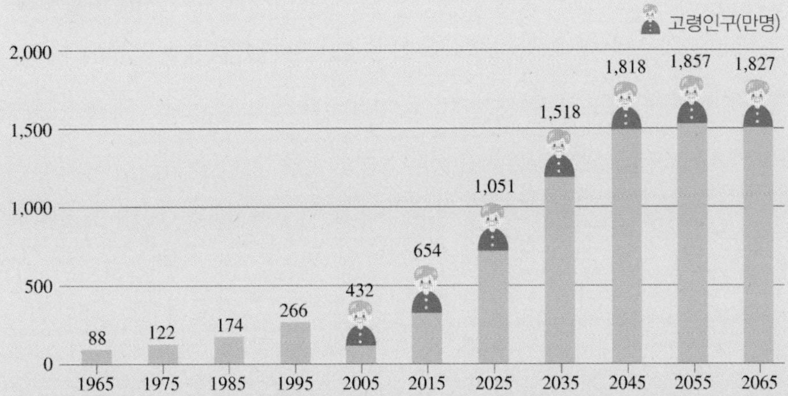

출처 : 통계청(2019). 장래인구추계.

사례 9-7 **부양비**

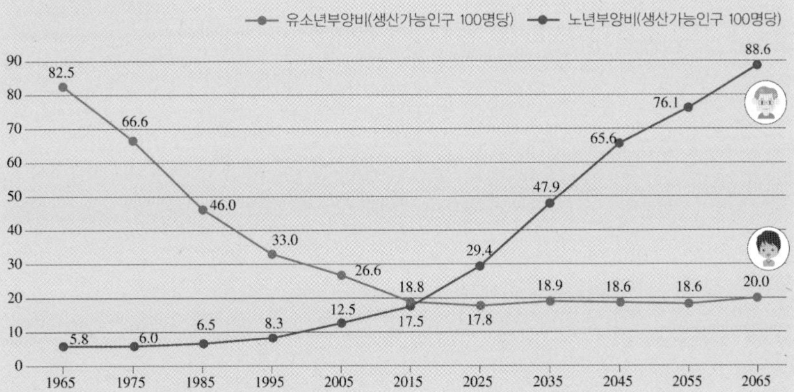

출처 : 통계청(2019). 장래인구추계.

<사례 9-6>은 65세 고령인구의 연도별 증가 추세를, <사례 9-7>은 노년부양비와 유소년 부양비의 연도별 증감추세를 나타낸 그래프이다. 이 그래프를 보면 연도별로 증가하는 고령인구와 유소년 부양비와 대조적으로 증가하는 노년부양비의 추이를 쉽게 파악할 수 있다.

• 타 지역이나 타 집단 등과의 비교

국가간 비교를 통해 문제를 파악하기 위해서는 다양한 국가의 자료가 필요하다. 이러한 필요성은 우리나라가 OECD에 가입한 후 OECD 데이터를 활용하게 됨으로써 훨씬 더 용이해졌다. 즉, 우리나라의 복지 관련 현황과 다른 나라의 비교가 손쉬워졌다는 것이다. 다음의 <사례 9-8>과 같이 OECD 국가에서의 우리나라의 노인 자살률을 살펴보면 얼마나 더 심각한 수준인지 알 수 있다. <사례 9-9>는 10만 명당 자살한 사람의 수를 국가별로 비교한 것으로 우리나라가 2015년 기준 OECD 국가 중 자살률이 두 번째로 높은 것으로 나타나 매우 심각한 수준임을 알 수 있다. 추가적으로 국내의 자료 중 농촌지역과 도시지역의 노인자살률을 비교했다거나, 여성노인과 남성노인의 그것을 비교한 자료가 있다면 상대적으로 비교할 수 있는 효과가 있어 사업의 필요성을 확대하고 프로그램의 설득력을 더욱 높일 수 있다.

사례 9-8

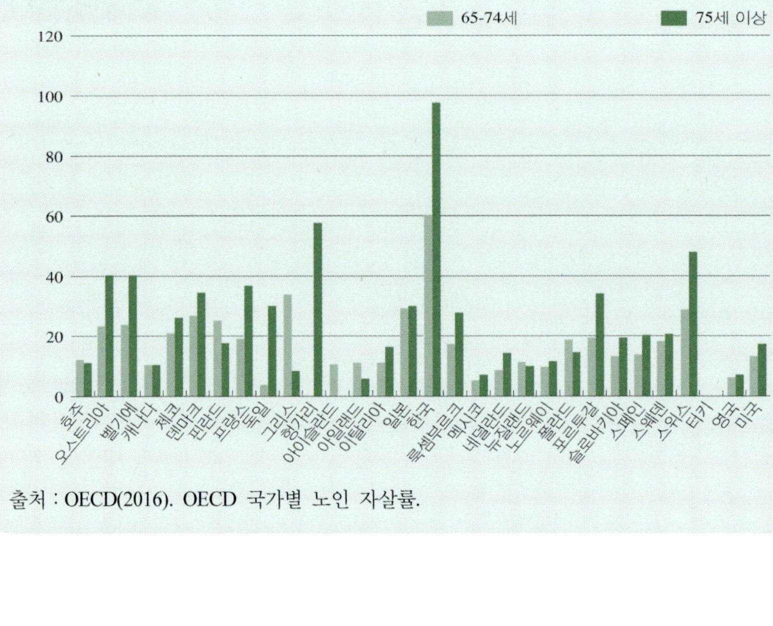

출처 : OECD(2016). OECD 국가별 노인 자살률.

사례 9-9

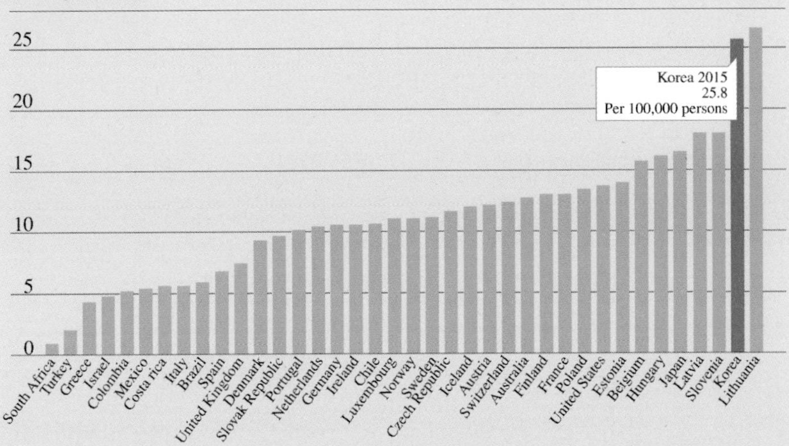

출처 : OECD(2016). OECD 국가별 10만 명당 자살률.

③ 결여·불충분의 원인 탐색

앞서 설명한 바와 같이 클라이언트가 가진 문제 확인은 먼저 서비스가 제공되지 않고 있거나 또는 그 서비스 자체만으로 부족한 것이 있다면, 그것을 확인한 후 이에 대한 객관적 자료를 수집하는 과정을 거친다. 그러나 그 수준에서 끝난다면 프로그램이 실제로 무엇을 해결해야 하는 것인가의 문제를 간과할 가능성이 많다. 예를 들어, 우리나라 노인 자살예방 서비스가 부족하다는 것을 확인하고 그에 대한 다양한 시각화 자료를 찾아서 제시했다고 할 때, 이 수준에서 끝난다면 프로그램을 통해 얻고자 하는 것이 무엇인지를 간과한다는 것이다. 노인의 자살이 문제라고 보면 프로그램을 통해 얻고자 하는 것이 자살을 예방하는 것이므로, 자살예방을 위해 우리는 어떤 프로그램을 기획할 것인가에 대한 고민을 해야 한다. 따라서 프로그램을 통해 실제적으로 해결해 주어야 할 클라이언트의 문제와 함께 무엇을 얻고자 하는지도 찾아야 한다. 즉,

노인이 자살률이 높은 이유와 노인의 자살에 원인이 되는 위험요인들을 탐색하여 프로그램에 반영하는 것까지 진행하는 것이 바로 서비스의 결여 및 불충분의 원인을 탐색하는 이유이자 방법이라고 할 수 있다.

2) 욕구파악

(1) 욕구의 개념 및 실례

클라이언트의 문제가 확인되면, 그 다음 단계에서 클라이언트 또는 이해관계자의 욕구를 파악하게 된다. 욕구를 파악할 때 주요하게 고려해야 하는 사항이 바로 욕구(need)와 요구(want)를 구별하는 것이다. 요구(want)는 클라이언트가 개인적 차원에서 절실히 원하는 것을, 욕구(need)는 개인적 차원의 요구를 바탕으로 하여 여러 사람들의 평가와 판단 단계를 거쳐 사회적 차원의 개념으로 확장된 것을 말한다(황성철, 2012). 따라서 욕구파악단계에서의 욕구는 개인적 차원에서의 요구와는 차이가 있음을 알아야 한다.

<사례 9-10>에서 제시한 바와 같이 클라이언트가 가지고 있는 문제는 야간에 방임되는 것인데, 이와 더불어 이해관계자로서의 클라이언트의 부모 또한 이미 확인된 문제와 관련된 사회적으로 충족이 필요한 욕구를 가지고 있음을 파악할 수 있다.

사례 9-10

〈저소득 가정의 부모〉

본 사업의 주 대상자인 저소득 야간 방임 아동의 부모들도, 자녀에 대해 부모로서의 역할을 하고 싶어 하나 경제·심리적 여건상 자녀들과의 관계를 어려워하는 경우가 많다. 특히 부모 자체에 문제가 있는 경우 자녀들에 대한 방임이나 학대의 정도가 심해 이에 대한 개입이 필요하다.

출처 : 2016년도 사회복지공동모금회 배분 사례집, p. 15.

(2) 문제 및 욕구, 프로그램의 관계

프로그램 개발의 첫 단계는 문제 확인 및 욕구파악을 통해 사업의 필요성을 제시하는 것이다. 이 과정을 통해 프로그램을 실시하는 데 있어, 당위성을 갖게 되고 전문가로서의 책임성 또한 찾을 수 있다. 다음 단계에서는 프로그램에 참여할 대상자를 선정하고, 선정한 후에는 대상자들의 긍정적인 변화를 이끌어 낼 수 있는 세부 프로그램을 선택하게 된다.

문제 및 욕구, 그리고 세부 프로그램을 선택하는 단계를 현재 우리사회의 큰 위험요인이기도 한 고령과 관련하여 클라이언트의 문제를 확인하고 그에 따르는 욕구를 파악하며, 세부적인 프로그램을 선택하게 되는 과정을 활용하여 설명할 수 있다. 2017년 우리나라는 고령사회[2)]로 진입했다. 그러므로 고령화와 관련된 다양한 과학적 또는 경험적인 문제를 발견할 수 있다. 각각의 문제에 따른 클라이언트의 욕구를 파악할 수 있으며, 이를 해결하는 구체적인 전략으로서 다양한 프로그램을 선택하고 진행하게 되는 것이다. 그것을 도식화하면 다음 ❙그림 9-1❙과 같다.

2) 우리나라는 전체인구 중 만 65세 이상의 인구가 차지하는 비중이 2007년도에 7%(고령화사회)에 도달하였고, 2017년에는 14%(고령사회)를 넘어섰다.

고령사회	문 제	욕 구	프로그램
	• 빈곤문제 • 소외문제 • 노화문제	• 노후소득 욕구 • 정서적 지지 욕구 • 건강개선 욕구	• 노인일자리 • 돌봄서비스 • 건강관리서비스

▌그림 9-1▐ 문제와 욕구 그리고 프로그램의 관계

(3) 욕구의 유형

클라이언트가 가지고 있는 문제를 확인하고, 그것은 기반으로 하여 클라이언트와 그 주변인(이해관계자)들의 욕구를 파악하는 것은 매우 중요한 과정 중 하나이다. 욕구를 파악할 때에도 이론에 근거하여 파악하고 제시해 주는 것이 필요하며, 욕구와 관련한 대표적 이론인 Maslow의 인간의 욕구 5단계 이론과 Bradshaw의 사회적 욕구이론에 대해 살펴보면 다음과 같다.

① 개인적 욕구

Maslow는 인간의 욕구를 단계적으로 제시하고, 전단계의 욕구가 해결되어야 다음의 욕구를 충족시키고자 하는 단계로 진행됨을 다음의 다섯 가지로 분류하여 제시하였다.

• 생리적 욕구

인간의 생존에 필요한 가장 첫 단계의 욕구이며, 의식주의 해결 등이 욕구 충족의 주요 관심사가 되는 단계이다.

• 안전의 욕구

의식주가 해결되는 상태가 되어야 비로소 따뜻한 집과 의복, 그리고 위생적인 환경과 같은 추위나 질병, 그리고 외부의 위험으로부터 보호받고자 하는 욕구를 충족하려고 하는 단계이다.

• 소속 및 애정의 욕구

개인의 안전이 보장되는 상태에서 가족이나 친구, 그리고 지역사회에서 인간관계를 맺고, 자신이 참여하고자 하는 단체에 소속되거나 활동에 참여하면서 만족감을 느끼려고 하는 단계이다.

• 존경의 욕구

자신이 소속된 단체 속에서 또는 참여하는 활동을 통해 다른 사람으로부터 존경을 받거나 명예를 갖기 위해 노력하는 단계이다.

• 자아실현의 욕구

Maslow가 설명하는 인간의 위계적 욕구에서 가장 상위의 단계로, 자기 자신의 능력을 최대한 개발하고 발휘하는 것을 통해 목표한 바를 이루고자 하는 단계이다.

<표 9－12>는 노인을 중심으로 Maslow의 욕구단계별 서비스에 대한 예시를 설명하고 있다.

〈표 9-12〉 욕구 단계별 서비스 예시(노인 대상자를 중심으로)

욕구단계	욕구파악	서비스 유형	세부 프로그램
1단계 : 생리적 욕구	일상생활지원	목욕/ 식사/ 안부	• 이동목욕서비스 • 반찬배달 • 노·노케어서비스
2단계 : 안전의 욕구	외로움 해결	노인공동생활가정	• 카네이션 하우스
3단계 : 소속 및 애정의 욕구	단체 소속	여가활동	• 경로당활성화사업 • 복지관 프로그램
4단계 : 존경의 욕구	사회적 역할 유지	노인사회활동지원사업	• 1~3세대 교육 서비스
5단계 : 자아실현의 욕구	자아통합감 향상	자원봉사활동	• 재능기부 프로그램

② 사회적 욕구

Maslow가 설명하는 욕구가 인간의 개인적 차원의 욕구라고 한다면, Bradshaw의 욕구는 사회적 특성을 반영한 사회적 욕구라고 할 수 있고, 규범적, 인지적, 표현적, 비교적 욕구 등 네 가지로 구분하여 설명할 수 있다.

• 규범적 욕구

규범적 욕구(normative need)는 전문가에 의해 정해지는 사회적 조건과 상황에 의해서 규정되는 욕구를 의미한다. 예로 최저임금이나 최저생계비 등 전문가 또는 이해관계자들이 모여 결정하게 되는 것이나, 사회복지시설 등의 인력배치 기준 등을 들 수 있으며, 관습이나 법률, 또는 일정한 기준에 의해 정해지는 욕구라고 할 수 있다.

• 인지적 욕구

인지적 욕구(felt need)는 일정한 사람들에게 특정한 서비스가 필요한지 여부를 기준으로 측정하게 되는 것인데, 욕구를 갖는 서비스의 대상인 당사자가 스스로 인지한 욕구를 말한다. 즉, 개인의 결핍에 의해 클라이언트 자신이 느끼는 욕구를 의미한다. 인지적 욕구는 어떠한 욕구를 충족시키고자 대외적으로 표현하기 전 단계로 해석할 수도 있고, 욕구가 발생하게 되는 첫 단계로 이해할 수도 있다. 예를 들면, 불편한 교통여건이나 위험요소가 있는 지역에 오랫동안 살고 있던 주민들이 그러한 불편함을 해소하기를 원하는 마음이 생기기 시작했다면, 그것을 인지된 욕구라고 할 수 있을 것이다. 예외로 마약중독이나 알코올 중독과 같이 단주를 원하는 인지된 욕구를 가지고 있다고 하더라도 그것이 표현된 욕구로 모두 진행되지 않는 욕구도 있다.

• 표현적 욕구

표현적 욕구(expressed need)는 인지되었거나 인지하고 있는 것을 해결하기 위해 혹은 해결 방법을 찾기 위해 적극적으로 표현하는 욕구이다. 즉, 표현적 욕구는 서비스의 수요(demand)를 말한다. 예를 들면, 장애인들이 교통편의를 요구하거나 인지된 요구에서 설명되었던 주민들이 시청에 가서 개선을 요구하는 행위 등이 있다.

• 비교적 욕구

비교적 욕구(comparative need)는 상대적 욕구라고도 칭하며 욕구를 가지고 있는 유사한 대상자를 서로 비교하거나 다른 지역을 비교하여 정해지는 욕구를 의미한다. 이것은 실제로 전문가가 정하거나, 클라이언트가 인지 혹은 표현한 것일 수도 있고 또는 그렇지 않았다고 하더라도 일반적으로 환경이 비슷한 비교대상, 지역에서 조사한 욕구를 내가 담당하는 클라이언트에게 적용하는 것을 말한다. 즉, 특정한 클라이언트 집단이 받는 서비스의 수준이 다른 집단과 비교했을 때 부족하다면, 그만큼이 충족되어야 할 욕구라는 것을 의미한다.

(4) 욕구조사방법

욕구를 측정하는 방법은 다양하지만 가용 시간, 비용 그리고 서비스 수행기관이나 담당자의 역량에 따라 달라질 수 있다. 일반적으로는 지역사회 사회복지 전문가와의 면담 또는 공청회, 또는 지역주민에게 직접 조사하는 방법과 특정 지표나 통계자료를 이용하거나 제공하고자 하는 서비스 관련 사회복지기관을 통해 간접적으로 조사하는 방법이 있다.

일반적인 욕구측정방법으로는 직접조사방법과 사례조사방법, 간접조사방법이 있다. 직접조사방법으로는 사회조사, 델파이방법, 관찰법,

심층면접법, 지역사회 공개토론회 등이 있다.

사례조사방법은 대상 집단과 직접적으로 관련이 있는 제3자들과의 접촉을 통하여 증언을 청취하는 방법으로 프로그램 운영자 조사, 주요 정보 제공자 조사, 서비스 통계 이용 등이 있다.

간접조사방법은 증거조사방법이라고도 하며, 조사대상 집단과 관련 있는 정보의 출처를 활용하여 대상 집단의 욕구와 문제를 추산해 내는 방법으로 사회지표분석, 행정자료조사, 비활동자료 분석(과거의 행동을 조사하는 물리적 흔적, 기록물 등) 등이 있다(문수열 외, 2013).

직접조사방법은 대체로 인지적 욕구를 측정하며, 간접조사방법은 규범적 욕구를 측정하는 경우가 많다.

① 직접조사방법

- 일반 인구조사

해당 지역 내 거주하고 있는 주민을 대상으로 표본을 추출하여 면접 또는 설문을 통해 자료를 얻는 방법을 말한다.

- 표본 인구조사

일반인구 중 구체적인 특성을 보유한 사람들을 표적 집단으로 구분하고 그들을 대상으로 설문조사를 통해 문제와 욕구를 파악하는 방법을 말한다.

- 델파이기법

델파이기법은 특정한 관심사를 중심으로 세부적으로 계획된 단계별 질문을 사용하여 바람직한 방안을 도출하고자 하는 기법을 말한다. 이를 통해 특정 집단의 판단을 체계적으로 유도해 내어 정리하는 것으로 여기에 의견을 제시하는 참가자는 익명을 보장받게 됨으로써 주변의 영향을 받지 않는 상태에서 자신의 의견을 제시할 수 있게 해준다. 델파이 기법은 다음의 단계를 통해 진행한다.

- 1단계 : 주요 관심사에 대한 설문을 준비한다.
- 2단계 : 설문지를 참가자에게 배포한다.
- 3단계 : 설문지를 회수, 합의되지 않은 내용이 있는지 파악한다.
- 4단계 : 합의되지 않은 부분에 대해서는 1단계에서 전문가들의 의견을 내재한 다음 단계의 설문을 준비하여 다시 배포한다.
- 5단계 : 1~4단계에 걸쳐 계속하여 합의점에 도달할 때까지 설문을 지속한다.

• 직접관찰법

조사자가 직접 조사대상의 행동과 사회현상을 관찰을 통해 정확하게 알아보는 방법이다. 단순히 관찰하는 방법과 관찰된 내용에 대해 물어보는 방법이 있다.

• 직접경험법

조사자가 직접 조사대상과 같은 생활을 해봄으로써 자료를 얻는 방법이다. 예로 지하철을 이용하며 시민들의 불편함을 직접 체험해 본다든지, 휠체어를 타고 대중교통을 이용해 봄으로써 장애인들의 욕구를 파악하는 것을 들 수 있다.

• 토론회/ 공청회

조사자가 지역주민들의 욕구나 문제를 파악하고자 모든 사람들이 참여가 가능하도록 특정한 주제에 대해 발표하거나 의견을 제시하도록 하는 방법을 말한다.

② 사례조사방법

• 서비스 제공자 조사

제공하고자 하는 서비스를 먼저 제공했던 경험이 있거나, 현재 제공하고 있는 사람을 만나 자세하게 조사하는 방법을 말한다.

• 정보 제공자 조사

서비스에 참여했던 경험이 있거나 그렇지 않더라도 해당 문제나 욕구에 대해 인지하고 있는 사람들을 대상으로 조사하는 방법이다.

• 서비스 통계자료 조사

기존에 제공되고 있는 서비스의 이용 통계자료를 활용하는 방법으로 서비스를 이용하는 대상자의 수, 또는 그 서비스를 이용하지 못하고 대기하는 사람의 수를 통해 욕구를 파악하는 방법이다.

③ 간접조사방법

• 사회지표조사

공공기관 또는 연구기관 등에서 조사하여 발표하는 다양한 사회지표 또는 조사 자료를 활용한 방법으로 대표적으로는 통계청의 센서스 조사 결과나 고용노동부의 고용 관련 지표, 보건복지부의 고령 관련 지표 등을 예로 들 수 있다.

• 행정자료조사

행정기관이 주민들에 대한 특성을 파악하거나 다양한 협회 등이 소속 기관들을 관리하고 운영하기 위해 수집하고 기록한 것을 행정자료라고 하는데, 이러한 자료를 통해 해당 지역 주민의 욕구나 특정한 분야의 현황을 파악하는 방법이다.

3) 사업의 필요성

(1) 사업 필요성의 내용

클라이언트의 문제와 욕구 파악이 된 후에 프로그램 기획 담당자는 다음의 내용을 고민해야 한다.

- 프로그램이 왜 필요한가?
- 프로그램을 통해 클라이언트가 어떤 상태가 되기를 바라는가?
- 프로그램을 수행하기에 우리는 어떤 강점과 약점을 가지고 있는가?
- 프로그램은 기존 프로그램과 어떤 차별성을 가지고 있는가?

프로그램 기획자가 클라이언트의 문제와 욕구를 파악하고 문제의식을 갖게 된다면, 프로그램을 통해 클라이언트가 어떠한 긍정적인 변화를 이끌어 낼 수 있는가에 대해 고민해야 한다. 또한 프로그램을 수행하기 위해 우리 기관은 적합한지, 또한 수행하기 위해 기관의 어떠한 강점을 활용하고 약점이 있다면 어떻게 보완해야 할지 사전에 충분히 논의해야 한다. 그리고 기존에 다른 기관에서 실시했던 유사한 프로그램을 조사하고 그 프로그램에서 나타난 문제점이나 보완할 점 등을 파악하여 우리가 실시하고자 하는 프로그램만의 차별성을 제시할 수 있어야 한다.

다음의 <사례 9-11>에서 보는 바와 같이 사회복지공동모금회 배분사업에서는 사업의 필요성 부분에 사업계획배경과 기존 유사사업과의 차별성, 그리고 신청기관의 강점을 제시하도록 되어 있다. 사업계획 배경 부분에 아동학대 사례를 중심으로 문제를 제기하고 해당 대상자를 위한 프로그램의 필요성을 제시하였다. 그리고 기존 유사사업은 치료중심의 접근법이었다면 해당 프로그램은 예방 중심적 접근방법을 활용하였다는 차별성을 제시하였다. 또한 신청기관의 강점을 내적으로는 유사 사업 수행 경험과 법적기관으로 기관의 설립목적과 일치한다는 점을, 외적으로는 전문가의 협조를 구할 수 있는 네트워크를 가지고 있다는 점과 외부 자원을 활용한 자원봉사, 동아리 활동을 지속적으로 운영해 왔다는 점을 강조하였다.

이처럼 프로그램 대상자의 문제와 욕구를 파악하고, 그것을 해결하고자 하는 프로그램의 필요성, 그리고 그것을 통해 얻게 되는 클라이언트의 긍정적 변화 등이 사업의 필요성 부분에 포함되어야 한다.

이와 함께 제한된 재원에 비해 신청하는 기관들이 매우 많음을 감안하며, 그 프로그램이 기존에 실시되었던 프로그램과의 차별성은 무엇인지와 그 프로그램을 수행하기에 우리기관이 적합하다는 것을 제시하는 것이 지원기관으로 선정되는 데 매우 중요한 요소 중 하나라고 볼 수 있다.

사례 9-11

• 사업 계획 배경

아동학대 사례가 발생하여 피해아동에 대한 상담 및 치료가 성공적으로 진행되더라도 학대행위자 및 가정환경에 대한 근본적인 개입이 이루어지지 않으면 재학대로 이어질 확률이 높다. 20××년 전국아동학대현황보고서에 따르면 아동학대 사례 1만 7천여 건 중 가해자가 부모인 사건은 80%이며, 전체 피해 아동의 76%는 가정으로 돌아갔다. 또한 전체 피해 아동 10명 중 1명은 재학대 경험이 있으며, 재학대 장소의 93%가 가정이라는 점은 부모에 의한 재학대 발생의 심각성을 뒷받침한다. 최근 5년간 재학대 사례를 살펴보면 20△△년 563건에서 20××년 1,240건으로 약 20% 증가한 것으로 나타나고 있으나 이에 대한 대책은 전무한 실정이므로 적극적인 사회적 지원이 필요하다.

• 기존 유사사업과의 차별성

본 기관의 기존 사업은 아동학대 예방을 위한 의심 사례와 아동학대 피해 사례

개입 중심으로 진행된다. 아동학대 의심 사례 개입의 경우 예방적 차원에서 접근되기는 하나 아동학대 피해 사례 개입의 경우 예방적 차원보다는 문제 해결을 위한 접근을 우선으로 한다. 더욱이 피해아동과 학대행위자 중심으로 진행되어, 가족 구성원 등과 같은 주변 요소에 대해서는 간과되는 경우가 많고 결국 학대 발생 위험 환경에 동일하게 노출되는 경우가 발생하고 있다.

따라서 본 프로그램을 통해 기존에 간과되었던 주변 환경에 대한 개입과 예방 차원의 접근을 통해 재학대 발생 위험요인을 제거하고 재학대를 예방을 도모하고자 한다.

• 신청기관의 강점

본 기관은 아동복지법에 의해 설치된 전문기관으로 아동학대 개입 및 아동 권익 증진 관련 사업을 진행하고 있다. 또한 피해아동 및 가정 지원을 위해 법조계, 의료계 등 전문가 조직 네트워크를 구축하고 있으며, 아동학대 사례 가정의 지역사회 내 정착을 위해 자원봉사동아리를 구축하여 운영하는 노력을 펼치고 있다. 20××년부터는 재학대율을 낮추고자 전문가 자문을 통해 가족단위 심리정서 프로그램을 진행한 바 있으며, 이를 통해 재학대 발생 위험을 감소시킨 경험을 가지고 있다. 본 프로그램을 통해 보다 체계적인 개입을 실시하여 재학대 예방을 성공적으로 진행할 수 있을 것으로 기대된다.

출처 : 2019 사회복지공동모금회 배분 사업 안내, p. 31.

(2) 기관의 장단점

프로포절에는 작성하지는 않지만 추후 현장 방문 인터뷰에서 언급될 수 있는 내용이므로 기관이 해당 프로그램을 수행하는 데 있어 혹시 약점을 가지고 있다면, 어떻게 보완해야 할지도 사전에 논의해 보는 것이 좋다. ❙그림 9-2❙와 같이 기관의 장점과 단점은 내적, 외적으로 구분하여 총 4가지로 파악하고, 강점은 어떻게 강화하고 단점은 어떻게 보완할 것인지에 대해서도 파악해 두는 것이 매우 중요하다.

S 내부 강점

- 어르신이 가진 경험 및 기술
- 유관기관과의 관계가 좋음

W 내부 약점

- 작업환경 적응에 대한 어려움
- 초기사업으로 노하우 부족

O 외부 강점

- 협력사의 기술력과 영업망 확보
- 공기질 관련 법적 규제 강화
- 노인 상품 우선구매 요청 가능

T 외부 약점

- 시장 환경 훼손이라는 인식

구 분	강화 및 극복방안
Strength	• 60+센터, 직업학교 등과의 연계를 통한 대상자 발굴 • 유관기관을 통한 홍보 극대화
Weakness	• 전문인력(전담인력)을 활용하여 조기에 적응할 수 있도록 지원 • 협력사의 기술력, 솔루션 등을 활용하여 노하우 부족 극복
Opportunity	• 각종 법적 환경을 사업단 확장에 활용 • 협력사의 교육 및 지원 강화
Threat	• 시민의 건강향상을 위한 부가서비스 개발 및 제공 • 다양한 기술을 활용하여 편리한 서비스를 고객에게 제공

❙ 그림 9-2 ❙ 기관의 장단점 분석(SWOT분석의 예)

연습문제 9-2

영유아, 아동, 청소년, 노인, 장애인, 여성, 다문화 등 다양한 취약계층 중 관심이 있는 대상에 관한 최근 자료(최근 1년 내의 신문기사, 인터넷 기사, 논문, 방송 자료 등)을 조사하고 그것을 바탕으로 대상자의 문제를 확인 및 욕구를 파악해 보시오.

문 제	
욕 구	

3. 대상자 선정

1) 프로그램 대상자 선정 과정

문제분석 단계에서 문제의 원인 및 성격, 규모가 파악되면 구체적으로 대상자가 누구인지를 결정하기 위한 대상자 선정 단계로 넘어가게 된다. 프로그램 대상자 선정과정 단계에서는 구체적으로 프로그램에 참여시킬 클라이언트가 누구인지를 정해야 하는데 이때에는 문제의 규모를 측정하게 되며, 그 규모를 정확하게 보여줄 수 있도록 4단계에 걸쳐 각 단계별 대상자를 정해 주는 과업을 수행하게 된다. 즉, 문제와 욕구를 파악한 뒤 그 문제의 규모를 조사를 통해 측정하여 일반집단, 위험집단, 표적집단, 클라이언트 집단 순으로 각 단계의 대상자의 수를 근거와 함께 제시하여야 한다. 사회복지 실천현장에서는 ▌그림 9-3▌과 같이 깔때기 모양의 표집 틀을 대상자 선정 시 활용한다.

참고로 사회복지공동모금회 배분사업 신청서 양식에서 대상자 선정 시 핵심 참여자와 주변 참여자로 구분하여 문제의 규모와 대상자 집단을 제시하도록 하고 대상자 선정 기준을 별도로 제시하도록 하고 있다. 또한 삼성복지재단은 대상자 범위(개념적 범위, 기관 이용자), 대상자 구분(주된 참여자, 주변 참여자)으로 프로그램 대상자의 규모와 선정 근거를 제시하도록 되어 있다. 여기에서 핵심 참여자(혹은, 주된 참여자)는 실제로 프로그램을 통해 긍정적인 변화를 이끌어 내게 될 클라이언트 집단을 말하며, 주변 참여자는 클라이언트 집단의 변화를 이끌어 내기 위해 도움을 주는 이해관계자를 의미한다.

(1) 프로그램 대상자 선정과정 4단계

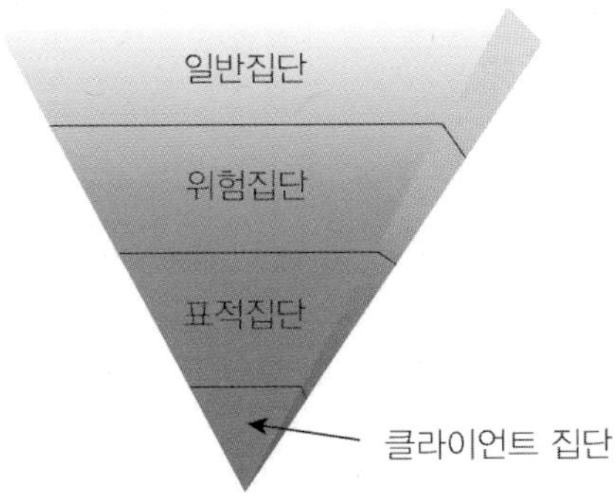

| 그림 9-3 | 프로그램 대상자 선정과정

① 일반집단

일반집단(general population)은 사회복지 프로그램 대상자 중 가장 포괄적인 인구집단으로, 프로그램을 실시하려는 해당지역에서 문제나 욕구를 가지고 있다고 판단되는 대상이 포함되어 있는 전체 대상 집단 또는 직접적으로 관련성이 있는 문제나 욕구를 가진 전체 대상 집단을 말한다. 이는 클라이언트가 속해 있는 행정구역 또는 해당 지역 내에 있으며 프로그램에 참여할 수 있는 자격이 있는 전체 인구집단을 말하는 것이다. 그러나 때로는 프로그램을 실시하는 지역의 전체 인구를 제시하는 경우도 있고, 문제의 특징과 관련이 있는 인구집단을 의미하기도 한다.

즉, 일반집단은 클라이언트가 거주하거나 속해 있는 행정구역 내에서의 모집단을 말하는 것으로 간혹 문제와 직접 관련성이 없는 인구가 포함될 수 있다. 예를 들어, ○○시의 독거노인을 클라이언트로 할 때, '○○시에 거주하는 65세 이상의 노인인구 10만 명'이라고 제시하면 된다. 측정하기 불가능한 경우에는 생략하거나 인구수를 제시하지 못하는 경우도 있다.

• 일반집단에 문제와 직접적 관련성이 없는 인구집단을 제시한 경우

사례 9-12

■ **사업명** : 다문화 여성의 판소리 명맥 잇기 활동을 통한 자존감 향상으로 지역사회와의 관계형성 기반 마련을 위한 커뮤니티 활성화 지원 사업 '판타스틱 소리 ― 다정공감(多情共感)'

■ **기관명** : 부송종합사회복지관

대상구분	서비스대상자 산출근거	단위수(명)
① 일반집단	익산시민 수	308,361
② 위기집단	익산시민 중 여성인구 수	154,249
③ 표적집단	익산여성 시민 중 다문화여성 수	1,996
④ 클라이언트 수	다문화여성 중 사회활동 참여를 희망하는 자	20

출처 : 2016 사회복지공동모금회 배분사례집, p. 189.

• 일반집단에 문제의 특징과 관련이 있는 인구집단을 제시한 경우

사례 9-13

■ **사업명** : 다문화 가정 부부의 연령, 행동양식, 문화 차이 극복을 위한 가족성장 프로그램 '다문화가정 ABC 통합 프로젝트'

■ **기관명** : 인천 서구 건강가정·다문화가족지원센터

대상구분	서비스대상자산출근거	단위수 (가정)
① 일반집단	인천 서구 다문화가족지원센터를 이용하는 다문화 가정	4,185
② 위기집단	배우자와의 연령차가 10세 이상 나는 다문화 가정	2,378
③ 표적집단	자녀를 양육하고 있는 다문화 가정	1,908
④ 클라이언트 수	부부갈등, 양육으로 상담 또는 프로그램 참여 경력 있는 다문화 가정	48

출처 : 2016 사회복지공동모금회 배분사례집, p. 121.

② 위험집단

위험집단(at-risk population)은 일반집단 중에서 좀 더 문제에 노출될 가능성이 있거나 그 문제를 경험한 사람들 또는 어떤 문제나 욕구를 가지고 있거나 또는 이러한 욕구가 잠재되어 있다고 추정되는 인구집단을 의미한다. 또한 문제에 따른 욕구를 가지고 있는 것이 확실하거나 그러한 문제를 잠재적으로 가지고 있다고 판단되는 인구집단을 말하기도 한다. 다시 말하면, 위험집단은 일반집단 중에서 문제의 특성과 좀 더 가깝고 그 문제에 따른 욕구를 가지고 있거나 가지고 있다고 추정되는 인구집단이라고 정의할 수 있다. 예를 들어, 일반집단이 '○○시에 거주하는 65세 이상의 노인인구 10만 명'이라고 제시되었다고 하면, 위험집단은 '65세 이상의 노인 인구 중 1인 가구 1만 명'이라고 제시하면 된다. 참고적으로 예전 사회복지공동모금회의 프로포절 양식에는 위기집단이라고 표기되어 있으나 위험집단과 동일한 의미로 사용한다.

③ 표적집단

표적집단(target population)은 위험집단의 하위집단으로서 프로그램의 목적과 대상자 선정 기준에 부합하여 실제로 본인이 프로그램 참여를 희망하고 예산이 충분한다면 반드시 서비스가 제공되어야 하는 인구집단을 의미한다.

위험집단보다 문제의 특성에 더 가까우며 프로그램 참여에 대한 자격을 갖춘 사람들이다. 예를 들어, 위험집단이 '65세 이상의 노인 인구 중 1인 가구 고령자 1만 명'이라고 제시되었다고 하면, 표적집단은 '1인 가구 고령자 중 가족의 방문이 월 1회 미만인 자'로 정할 수 있다. 여기에서의 가족의 방문이 월 1회 미만인 노인은 위험집단보다 더 위험에 노출될 가능성이 높은 집단이기 때문이다.

④ 클라이언트 집단

클라이언트 집단(client population)은 표적 집단의 하위집단이며 프로그램에 직접 참여하여 실질적 서비스 혜택을 받을 수 있는 직접적 서비스 대상자를 의미한다.

표적집단에 해당하는 사람들이 자발적으로 참여를 희망하고 프로그램 운영 예산이 충분하다면 모두 클라이언트 집단이 될 수 있다. 예를 들어, '관리 프로그램의 이용이 가능한 고령자 100명', 또는 '관리 프로그램 참여를 희망한 고령자 100명'으로 제시하면 된다. 특히 클라이언트 집단은 실용적 수용성, 윤리성 그리고 클라이언트의 능력 등 세 가지를 기준으로 선정할 수 있다(황성철, 2012).

• 실용적 수용성

실용적 수용성이란 클라이언트를 선정할 때 기본적으로 프로그램을 진행할 때 투입되는 두 가지 자원의 여건을 감안한다는 것을 말한다. 먼저 인적 자원으로 담당 수행 인력이 운용 가능한 클라이언트여야 하고, 물적 자원 중 예산의 범위 내에서 참여 가능한 클라이언트를 선정하여야 한다는 것이다. 참여하고자 하는 클라이언트가 많을 경우, 추첨에 의한 방식으로 정하기도 하고, 대기자 명단을 활용 프로그램 참여 중도 탈락자가 발생할 경우 순서대로 참여를 유도할 수 있다.

• 윤리성

사회복지 프로그램에 참여자격이 충분한 클라이언트라고 하더라도 본인의 자발적 동의가 있는 경우에만 대상자 선정이 가능하다. 즉, 윤리성이란 프로그램 대상자인 클라이언트 본인이 서비스를 통해 자신이 받는 혜택을 인지해야 하고 참여를 통해 부여되는 의무사항을 충분히 수행할 수 있는 의지가 있어야 비로소 보장되는 것을 말한다.

• 클라이언트 능력

사회복지 프로그램에 참여하여 서비스를 제공받고자 하는 클라이언트는 기본적으로 자신의 능력과 환경이 잘 갖추어져야 한다. 자격요건이 충분하다고 할지라도, 서비스 장소가 너무 멀어 접근성이 떨어진다거나, 날짜나 시간이 맞지 않는 경우, 또는 자신의 신체적 특성과 건강상태로 인해 대상자로 선정되지 못하는 경우가 있기 때문이다. 따라서 프로그램 대상자로 선정되기 위해서는 일정 수준 이상의 인지적, 정서적, 신체적, 경제적인 기본 능력을 가지고 있어야 하는데 그것을 클라이언트 능력이라고 한다.

클라이언트를 선정하는 세 가지 기준을 노인일자리 및 노인사회활동지원 사업(프로그램)을 프로그램 대상자를 예로 설명하면 다음과 같다. 먼저 실용적 수용성의 특성은 일자리 예산 범위 내에서 참여 가능한 대상자를 선정하여 1년 동안 프로그램에 참여시키는 것으로 설명할 수 있다. 둘째, 윤리성으로는 참가대상자인 노인이 직접 신청하고 동의서에 서명을 해야만 프로그램에 참여할 수 있다는 것으로 설명할 수 있다. 셋째 클라이언트 능력은 프로그램 실시 날짜와 시간 그리고 프로그램에 적절한 신체적 조건 등이 맞아야만 선정이 가능하다는 것으로 설명할 수 있다.

이와 같이 프로그램 참여 대상자는 객관적인 기준과 근거를 바탕으로 분석하여 선정하게 된다. 다음의 <사례 9-14>는 4단계로 프로그램 대상자를 선정한 것이다.

사례에서의 일반집단은 만 75세 이후에 생활사건에 의해 고령자의 우울이 매우 심각해질 수 있다는 연구결과에 근거한다. 이 일반집단 중 좀 더 문제가 발생하기 쉬운 대상자를 1인 가구 고령자로 한정한 것이 위험집단이다. 많은 연구 결과에 의해 1인 가구 고령자가 우울의 위험요인을 더 많이 가지고 있다는 것에 근거한다.

표적집단은 실제로 문제와 욕구를 가질 확률이 매우 높은 집단을 말한다. 따라서 1인 가구 고령자 중에서도 가족의 방문이 거의 없는 경우로 한정시킬 수 있다. 표적집단은 본인이 원하거나 예산이 충분하다면 모두 프로그램에 참여할 수 있는 자격이 있다고 볼 수 있다. 마지막으로 클라이언트 수는 앞서 언급했던 세 가지 선정기준에 의해 최종 참여를 결정한 1인 가구 고령자를 말한다.

사례 9-14

■ **사업명** : 1인 가구 고령자의 우울 예방을 위한 통합 관리 프로그램 "두손잡고"

대상구분	서비스대상자 산출근거	단위수(명)
① 일반집단	○○시에 거주하는 만 75세 이상 고령자	100,000
② 위험집단	일반집단 중 1인 가구 해당 고령자	10,000
③ 표적집단	위험집단 중 가족의 방문이 월 1회 미만인 고령자	1,000
④ 클라이언트 수	관리 프로그램 참여를 희망하는 고령자	100

(2) 프로그램 대상자 2단계 구분

프로그램 기획과정에서 대상자를 선정할 때 일반적으로 깔때기 모양의 4단계로 구분했던 것과는 달리 사회복지공동모금회와 삼성복지재단 프로포절에서는 대상자 선정 방법을 문제와 직접적으로 상관없는 전체 인구집단의 규모를 배제하고 실제적으로 참여하는 클라이언트의 규모만 제시한 것이 눈에 띈다. 따라서 일반집단을 생략하고 바로 위험집단과 표적집단을 제시하고, 클라이언트를 더욱 자세하게 '주된 참여자(핵심 참여자)'로 제시하였다. 그리고 주변 참여자를 통해 클라이언트가 속해 있는 사회체계의 역할이나 향후 확장성, 영향성 등을 고려하도록 하는 점이 특징적으로 보인다.

그러나 프로포절에 실제적으로 참여하는 클라이언트의 규모만을 기재한다고 하더라도 일반집단과 위험집단, 그리고 표적집단을 구분하지 않아도 된다는 것을 뜻하지 않는다. 왜냐하면 프로그램을 실시하는 지역의 인구, 그 인구 중에서 문제를 가질 가능성이 높은 인구 등이 파악된 후에 클라이언트 집단을 선정할 수 있기 때문이다. 따라서 프로그램의 대상자를 선정할 때에는 전체적인 규모와 실제 프로그램에 참여하는 규모를 모두 파악해야 하며, 그중 일부의 프로포절 양식에서처럼 예산 지원 주체가 클라이언트 규모만을 제시하라고 하면 클라이언트의 규모만을 기재해야 한다.

2단계로 대상자를 선정하는 것은 다음의 <사례 9-15>와 <사례 9-16>에서 보는 바와 같다.

먼저 사회복지공동모금회의 프로포절 양식에는 핵심 참여자와 주변 참여자로 구분하여 참여대상 및 인원을 제시하도록 하고 있다. 그런 다음 참여자를 선정하는 기준이나 참여자 모집 방안을 통해 클라이언트 집단을 어떻게 선정하게 되었는지에 대해 부가적으로 설명하도록 하고 있다.

삼성복지재단 지원 신청서 양식에는 대상자 범위를 개념적 범위와 기관 이용자, 대상자 구분을 주된 참여자와 주변 참여자로 구분하여 작성하도록 되어 있고 모집방법과 선정기준을 부가적으로 설명하도록 되어 있다. 즉, 2단계로 대상자를 선정할 때에는 '핵심 참여자(또는 주된 참여자)'와 '주변 참여자'로 구분, 선정기준과 모집방법을 부가적으로 설명하는 형태로 작성하도록 하고 있으며, 핵심 참여자와 주변 참여자의 설명은 다음과 같다.

① 핵심 참여자(주된 참여자)

성과를 측정하는 실제적으로 프로그램에 참여하여 긍정적인 변화가 일어나야 하는 대상과 인원을 제시한다.

② 주변 참여자

성과를 측정하는 클라이언트는 아니지만 프로그램 참여자의 긍정적인 변화를 이끌어 내는 데 중요한 역할을 하는 것이 누구인지와 인원을 제시한다.

(3) 2단계 프로그램 대상자 작성 실례

사례 9-15

■ **사업명** : 아동학대 고위험 가정의 재학대 예방을 위한 심리정서지원 프로그램

(1) 참여 대상 및 인원

핵심 참여자	○○시 내 아동 학대 고위험 가정 피해 아동 20명 ○○시 내 아동 학대 고위험 학대 행위자 20명
주변 참여자	○○시 내 핵심 참여자 가족 구성원 60명

(2) 참여자 선정기준

- 1순위 : 본 기관에 접수된 아동학대 사례 중 아동학대 위험도 평가 척도 측정 결과 재학대 고위험 가정으로 판단된 가정의 아동 및 학대 행위자
- 2순위 : 본 기관에 접수된 아동학대 사례 중 실무진 회의를 통해 재학대 가능성이 높다고 판단된 가정의 아동 및 학대 행위자

(3) 참여자 모집방안

- 최근 3년간 접수된 아동학대 사례 분석 및 위험도 평가 척도 측정을 통한 참여자 선정
- 선정된 참여자에게는 사업 소개 후 참여 여부에 대한 참여 동의서 작성

출처 : 2019년 사회복지공동모금회 배분사업 안내, p. 29.

사례 9-16

■ **사업명** : 경계선 지적 기능 청소년의 사회 기능 향상 및 자립 역량 강화를 위해 주민 참여형 취미 활동을 기반으로 한 지역사회 연계 통합 사업 '한울타리 Ⅱ'

<table>
<tr><td rowspan="2">대상자 범위</td><td>개념적 범위</td><td>14~18세 사이의 경계선 지적 기능이 의심되는 청소년</td></tr>
<tr><td>기관 이용자</td><td>• 1차 연도 '한울타리' 참여자 중 고등학교 진학과 함께 취미 공동체 활동 심화 과정인 진료 계획이 필요하다고 판정된 기존 참여자
• 특수반에 있거나 경계선 지적 기능 판정을 받은 14~18세 사이의 청소년</td></tr>
<tr><td rowspan="2">대상자 구분</td><td>주된 참여자</td><td>• 경계선 지적 기능 청소년 16명</td></tr>
<tr><td>주변 참여자</td><td>• 경계선 지적 기능 청소년의 가족 15명 (주된 참여자 1명당 가족 1명 이상 참여)
• 경계선 지적 기능 청소년과 함께하는 취미 활동에 참여한 또래 청소년 21명
• 경계적 지적 기능 청소년과 또래 청소년이 함께하는 취미 활동에 재능기부로 참여한 지역 주민 13명
• 경계선 지적 기능 청소년 진로 준비 자격증 취득을 위해 연계된 전문가 및 자원봉사자 22명
• 경계선 지적 기능 이해 교육 대상자(교육 요청 학교 재학생 및 일반 교사 586명)
• 기타 지역 주민 73명</td></tr>
<tr><td rowspan="2">대상자 선정방법</td><td>홍보전략</td><td>• 기존의 본 기관 이용자 중 경계선 지적 기능 청소년과 그 가족에 표적 홍보
• 관내 특수 학급 운영 학교 및 지역 사회 교육 전문가 배치 중학교를 대상으로 1:1 전화 안내 및 홍보 자료 발송, 필요시(요청시)방문 홍보
• 학교, 지역 기관 실무자 대상 사업 설명회 개최
• 연초 발행되는 소식지를 통해 1차 연도 사업 성과 및 다음 연도 계획 홍보
• 프로그램 홍보물 관내 게시</td></tr>
<tr><td>선정기준</td><td>• 종합심리검사에서 경계선 지적 기능 판정을 받은 청소년
• 지능지수 70~85 사이의 청소년
• 재학 학교의 특수교사, 지역 사회 교육 전문가 등 실무자의 추천을 받은 청소년(지적 장애 3급 일부 포함)</td></tr>
</table>

출처 : 2016 작은나눔 큰사랑 우수사례집, p. 75.

연습문제 9-3

2절에서 확인했던 문제와 욕구를 바탕으로 대상자를 선정해 보시오.

대상 구분	서비스대상자 산출근거	단위수(명)
① 일반집단		
② 위험집단		
③ 표적집단		
④ 클라이언트 수		

4. 목적과 목표 설정

프로그램의 개발과정 중 초기단계는 클라이언트가 가지고 있는 사회문제를 근거를 바탕으로 규명함으로써 사업의 필요성을 강조하였다. 그 다음 단계로 문제의 특성까지 확인하고 그에 따르는 클라이언트의 욕구까지 파악한다. 확실한 프로그램 대상자를 4단계, 또는 '핵심 참여자'와 '주변 참여자'로 구분하여 문제의 규모를 파악하고 제시한다.

그 다음 단계는 규명된 문제와 욕구를 해결하기 위한 프로그램의 지향하는 바와 최종적으로 도달해야 하는 것을 결정하고 제시하는 것이다. 여기에서 프로그램이 지향하는 바를 '목적'이라고 하고, 프로그램 또는 세부서비스가 최종적으로 도달해야 하는 것을 '목표'라고 할 수 있다. 목적과 목표를 혼용하거나 같은 의미로 해석하고 사용하는 경우도 있지만(문수열 외, 2013), 사회복지 프로그램 기획에 있어 목적과 목표는 위계적으로 구분하여 사용한다.

1) 목적과 목표의 개념

사회복지 프로그램은 후원금 또는 클라이언트의 참가비, 그리고 많은 부분 중앙정부나 지방정부의 재정 지원을 통해 운영된다. 따라서 사회복지 프로그램의 효과성을 프로그램의 관계자들에게 제시하는 것은 당연하다고 할 수 있다. 그런데 효과성을 측정하기 위해 사전에 지향하는 바와 도달해야 하는 목표지점을 설정해야 한다. 따라서 프로그램에서는 목적과 목표, 그리고 세부목표를 제시하게 된다. 즉, '목적(purpose)'은 서비스를 제공하는 주체가 서비스의 사명에 대하여 추상적인 설명을 하는 것이다. 따라서 목적은 관념적이고 철학적이며 이상적이고 프로그램 운용 기관의 정책과 깊은 관련이 있다.

'목표(goals)'는 목적의 포괄적이고 추상적인 내용을 세부적이고 구체적으로 표현하는 것이다. 즉, 궁극적으로 달성하고자 하는 것을 나타낸다. '세부목표(objectives)'는 목표보다 더 세부적이고 구체적인 하위목표를 제시하고 그것을 이루고자 하는 것이다. 즉, 목표를 이루려는 수단을 명료하게 표현한 것이다.

결국 프로그램은 세부목표가 달성되어야만 목표에 도달하는 것이고, 그래야만 목적이 이루어지는 것이다. 이것을 통해 프로그램은 제공하는 주체의 정당성이 부여되는 것이라 하겠다.

프로그램을 평가할 때는 먼저 세부목표의 달성기준을 충족했는지 여부로 판단하게 된다. 따라서 세부목표는 실현 가능하게 설정되어야 하고, 측정 가능하고 현실적으로 작성되어야 한다. 다음의 <사례 9-17>은 목적과 목표를 비교한 것이다.

사례 9-17

실제사례

- **프로그램명** : 저소득 치매노인의 일상생활 수행능력 향상 프로그램
- **목적** : 일상생활을 스스로하기 힘든 1인 가구 고령자가 일상생활과 관련된 활동들을 반복적으로 훈련하도록 하여 동작 적응 기능을 습득하고, 생활감각을 회복함으로써 치매 노인이 일상생활 수행능력을 향상시킨다.
- **목표**

목표 1. 2019년 12월 31일까지 참여 노인의 일상수행능력 향상의 기회를 제공한다.
- 세부목표 1. 참여노인의 70%가 혼자 힘으로 보행이 가능하도록 훈련한다.
- 세부목표 2. 참여노인의 70%가 혼자 힘으로 식사가 가능하도록 훈련한다.
- 세부목표 3. 참여노인의 70%가 혼자 힘으로 옷 입기가 가능하도록 훈련한다.
- 세부목표 4. 참여노인의 70%가 혼자 힘으로 대소변 보는 것이 가능하도록 훈련한다.

(이하 생략)

출처 : 최호윤(2007). 사회복지 프로그램 개발과 평가. 21세기사(일부 수정).

구 분	목 적	목표(세부목표)
의 미	• 프로그램이 추구하는 방향	• 프로그램이 달성해야 하는 도달점
역 할	• 기관의 사명과 프로그램의 존재이유	• 프로그램 효과성 여부 판단의 기준
내 용	• 클라이언트의 현재 문제와 욕구 • 이루어지는 프로그램 • 클라이언트의 긍정적인 변화 모습	• 제공되는 프로그램의 세부 서비스 • 세부 서비스의 성과기준치
문 장	• 증진시킨다/ 향상시킨다/ 지원한다	• 실시한다/ 훈련한다/ 제공한다
구체성 여부	• 추상적, 포괄적	• 구체적, 세부적
측정가능 여부	• 불가능	• 가능

2) 목표의 기능 및 유형

(1) 목표의 기능

프로그램의 목표는 최초 프로그램의 기획을 하게 되는 기획자에게는 프로그램과 프로젝트, 서비스가 추구하는 방향과 지침의 기능을 한다. 그리고 그 프로그램을 진행하는 사회복지실천가에게 목표는 프로그램을 운영하는 데 필요한 지침이 된다. 또한 평가를 할 때에는 효과성 여부를 판단하는 중요한 기준으로서의 기능을 하게 된다. 기획가는 프로그램을 왜, 어떤 방향으로 계획해야 하는지 보여주는 것이고, 실천가에게는 어느 수준까지 도달해야 하는지를 알려주는 것이 목표라고 할 수 있다. 그리고 프로그램의 목표는 평가자에게 프로그램이 성과가 있었는지 아니면 부족했는지를 파악할 수 있는 기능을 가지고 있다.

(2) 목표의 유형

사회복지 프로그램의 목적은 기관이 지켜 나가야 할 가치인 사명을 바탕으로 추상적이고 포괄적으로 제시한다. 그 목적을 이루기 위해 목표와 세부목표를 세우고 그 목표한 바를 달성하기 위한 서비스를 제공하기 위해 실천가는 전문지식과 기술을 사용하게 된다.

사회복지 프로그램에서 중요한 기능을 하는 목표의 유형이 사회복지공동모금회와 삼성복지재단의 프로포절 양식에서는 목적만 그 용어 그대로 제시되고 있고 목표는 다양한 유형의 목표를 기재하도록 하고 있다. 따라서 목표의 유형을 목표의 위계에 따라 상위목표와 하위목표로, 세부 서비스의 실시 여부를 평가하는지 아니면 결과를 평가하는지에 따라 과정목표와 성과목표로 구분하여 설명할 수 있으며 자세한 내용은 다음과 같다.

① 상위목표와 하위목표

상위목표와 하위목표는 위계에 따른 분류로 구분된 것이다. 상위목표는 가장 중요하고, 가장 포괄적이며 추상적인 가장 상위에 있는 목표를 말하고, 이 목표를 세부적으로 구분한 것을 하위목표라고 한다. 하위목표를 달성하는 것이 바로 상위목표를 달성하는 것이 되며, 상위목표와 하위목표에 대한 예를 들면 다음과 같다.

- 상위목표의 예
  - 1인 가구 고령자의 일상생활기능을 향상시킨다.

- 하위목표 예
  - 1인 가구 고령자가 스스로 식사할 수 있도록 훈련시킨다.
  - 1인 가구 고령자가 스스로 대소변을 가릴 수 있도록 훈련시킨다.

② 과정목표와 성과목표

과정목표와 성과목표는 프로그램 실시 과정 및 결과에 따라 구분한다. 과정평가는 프로그램이 세부적으로 진행되는 과정을 평가하기 위해 설정하는 것이고, 성과목표는 프로그램이 종료된 후 결과를 평가하기 위한 것이다. 사회복지공동모금회 프로포절 양식에서는 목적과 산출목표, 그리고 성과목표를 제시하게 되어 있고, 산출목표가 과정목표의 내용을 대신하는 것으로 이해하면 좋을 듯하다. 다음은 과정목표와 성과목표의 예를 제시하였다.

- 과정목표 예
  - 1인 가구 고령자에 대한 방문상담을 월 2회 이상 실시한다.
  - 이력서 및 자기소개서 작성방법 교육 후 참가자가 직접 작성한다.

- 성과목표 예
  - 1인 가구 고령자의 우울증 수준을 50% 감소시킨다.
  - 청소년들의 자아존중감을 20% 향상시킨다.

(3) 목적과 목표의 기술 및 목표의 위계화

목적은 프로그램이 지향해야 할 바를 나타내기 때문에 포괄적이고 추상적인 상태로 기술한다. 대체로 클라이언트가 현재 가지고 있는 문제나 상황, 구체적인 프로그램 대상자인 클라이언트, 클라이언트에게 제공되는 서비스들, 그리고 클라이언트에게 기대하는 긍정적 변화 순으로 기술한다.

목표는 포괄적이고 추상적인 상태의 프로그램의 목적을 보다 구체적이고 측정 가능하도록 기술해야 한다. 그리고 목적을 이루기 위한 목표를 설정하고 다시 그 목표를 더욱더 세분화하여 몇 단계의 하위단계의 목표를 만드는 과정을 목표의 위계화(hierarchy of goals)라고 한다. 즉, 목표의 위계화란 목적이 세분화되어 목표가 되고, 목표가 세분화되어 세부목표가 되는데, 이것들은 상하의 위계로 이루어져 있으며, 내용에 있어 일관성을 가지고 있다.

먼저 목표의 기술은 목적과 유사한 내용을 포함하기는 하지만 이미 목적에서 이미 기술된 클라이언트의 현재 상황 또는 가지고 있는 문제점을 생략하여 기술한다. 그리고 목적의 내용에 부합될 수 있도록 하되 구체적이고 세부적이며 측정 가능하도록 기술한다. 목표 기술은 누가 프로그램에 참여하는지, 그리고 프로그램을 어떤 방법으로 실시하는지, 또한 프로그램을 통해서 성취할 수 있는 바람직한 상태, 결과로 표현한다.

하위 단계로 내려갈수록 세부적이고 자세하게 기술하며, 상위 단계로 올라갈수록 포괄적, 추상적, 가치 지향적 개념으로 기술한다.

목표를 진술할 때에도 사회복지실천가는 전문적 지식과 기술, 즉 과학적인 관점을 가지고 실시해야 한다. 따라서 이상적 프로그램의 목표를 기술할 때 SMART 원칙을 적용한다.

- 명료성(Specific)
  - 목표를 기술할 때에는 구체적이고 명료하게 기술해야 한다.

- 측정 가능성(Measurable)
  - 목표를 기술할 때에는 측정 가능하도록 기술해야 한다.

- 실현 가능성(Attainable)
  - 목표를 기술할 때에는 실현 가능하도록 기술해야 한다.

- 결과 지향성(Result-oriented)
  - 목표를 기술할 때에는 산출물이나 결과물이 나와야 한다.

- 시간구조성(Time Frame)
  - 목표를 기술할 때에는 시간적 준거 기준을 포함하여 기술해야 한다.

목표 위계화는 목적을 설정하고, 그 목적을 달성할 수 있도록 목표를 나열하며, 각각의 목표 아래에 구체적이고 실행 가능하고 명시적 세부 목표를 달성하기 위한 서비스 내용들을 구체적으로 제시한다. 그 구조는 ❙그림 9-4❙와 같다.

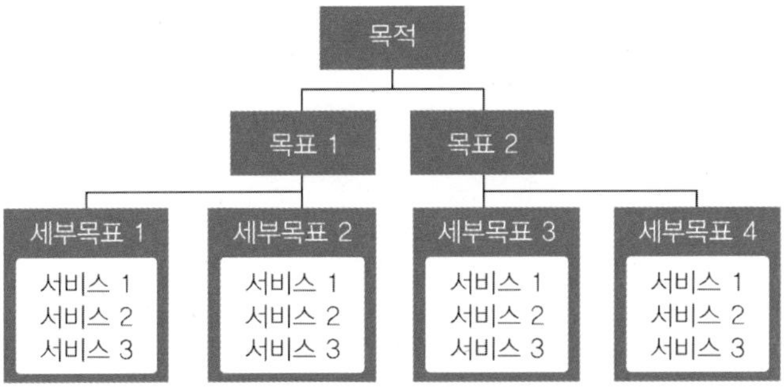

❙그림 9-4❙ 목표의 위계화

연습문제 9-4

1. 목적, 목표, 세부목표를 구분하여 설명하시오.

2. 자신이 생각하는 프로그램의 목적과 목표, 세부목표(하위목표)를 설정하고 위계도를 만들어 보시오.

5. 프로그램 활동 내용 구성

1) 프로그램 세부 활동

프로그램 개발 초기단계에서는 클라이언트의 문제를 확인하고, 대상자 선정을 통해 문제의 규모를 제시한다. 그리고 클라이언트의 문제와 욕구를 해결하기 위한 프로그램의 목적과 목표를 설정한다. 그리고 프로그램 세부 활동 내용 구성 단계에서는 그 목표를 달성할 프로그램의 세부 서비스들을 구체적으로 구성한다.

즉, 프로그램 세부 활동이란 넓은 의미로는 계획된 프로그램을 실행하기 위한 서비스 운영단위를 조직하는 것에서부터 실제로 프로그램 활동을 실행하고 그 결과를 기록, 정리하여 평가 등을 하는 활동을 의미한다. 구체적으로는 마케팅, 선정된 활동 내용의 편성 및 실행, 활동 결과의 기록 및 정리 그리고 활동 실행 후의 평가 및 자료의 작성 및 정리하는 활동 모두를 포함한다.

좁은 의미로는 해당 프로그램의 활동내용을 매개로 사회복지사와 클라이언트가 일정한 방법으로 상호작용하여 문제해결을 돕는 과정을 말한다. 프로그램 세부 활동 내용을 설정할 때 기본적으로 고려해야 할 몇 가지 기준을 제시하면 다음과 같다.

(1) 합목적성

합목적성(合目的性)이란 프로그램 세부 활동 내용이 프로그램의 목적과 부합한다는 의미이다. 즉, 프로그램의 세부 활동내용은 그것을 수행하는 기관의 사명 또는 비전과 그것을 반영한 프로그램의 목적, 그리고 목표와 밀접하게 관련이 있어야 한다는 것을 의미한다.

(2) 적합성

적합성(適合性)이란 사전적 의미는 어떤 조건이나 정도 등에 꼭 알맞은 또는 충분한 성질을 의미한다. 따라서 프로그램 세부 활동내용에서의 적합성이란 프로그램 세부 활동 내용이 클라이언트가 가지고 있는 문제 또는 욕구를 해결하기 위해 충분한 것이어야 하고, 클라이언트의 능력과 흥미도에 따라 맞춤형으로 설정되어야 한다는 것을 의미한다.

즉, 프로그램 세부활동 내용이 클라이언트의 문제해결 및 욕구 충족이 가능하도록 내용적 측면에서 적합하도록 해야 한다.

(3) 실현성

실현성(實現性)이란 프로그램의 세부 활동내용은 현실적으로 실현 가능해야 한다는 것을 의미한다. 기관의 사명을 기반으로 하고 클라이언트의 욕구와 문제를 해결하고자 하는 프로그램이라고 하더라도 정책 등의 주변 환경 등에 의해 제대로 실현될 가능성이 없다면 안 되는 것을 의미한다.

(4) 포괄성 및 다양성

포괄성(包括性) 및 다양성(多樣性)이란 프로그램의 세부 활동내용이 하나의 목표를 달성하기 위해 꼭 한 가지의 활동을 계획해야 하는 것이 아니라 다양한 서비스 형태를 고려해야 한다는 것을 의미한다. 즉, 클라이언트의 문제가 단순하게 하나만 있는 것이 아니라 다양한 문제들과 얽혀 있고, 또한 문제 및 욕구들도 변화하기 때문에 다양한 욕구 변화 및 문제에 대응하기 위해서는 포괄적 접근을 해야 한다.

(5) 현실성 및 실용성

현실성(現實性) 및 실용성(實用性)이란 프로그램 세부 활동내용은 다양한 지역, 시기, 사회문화적인 환경에 두루 적용될 수 있도록 현실적이어야 하며, 개인적 욕구나 문제의 해결이 아닌 사회적 문제와 욕구의 해결을 위해 현재 우리가 생활하고 있는 사회에 실질적으로 적용될 수 있어야 한다는 것을 의미한다.

(6) 지역성

지역성(地域性)이란 프로그램 세부 활동내용은 해당 지역의 특성에 맞춤형으로 제공되어야 한다는 것을 의미한다. 또한 지역적 특성을 잘 살려 프로그램 활동 시기와 형태 등을 고려하여 상황에 맞게 적용할 수 있어야 한다.

(7) 적절성 및 효율성

적절성(適切性) 및 효율성(效率性)이란 최대한 프로그램 세부 활동을 진행되는 환경에 맞춰야 하며, 효율적인 프로그램의 운영을 위해 다양한 수행 방법을 고려해야 한다는 것을 의미한다.

(8) 자발성

자발성(自發性)이란 클라이언트가 사회복지사와 함께 프로그램의 목표를 달성하기 위해 자발적으로 참여할 수 있도록 해야 하며, 사회복지 실천가는 프로그램이 진행되는 가운데에서도 더 나은 성과가 나올 수 있도록 다양한 방법을 선택하고 실시할 수 있도록 해야 함을 의미한다.

2) 프로그램 세부 활동 실제 사례

(1) 프로그램 세부 사업 내용

사회복지공동모금회의 프로그램 세부 활동내용은 2017년도까지는 프로그램의 세부 사업 내용과 담당인력의 구성, 그리고 일정표로 구성되었다. 프로그램 세부 사업 내용은 성과목표에 따른 실제 클라이언트에게 제공되는 서비스의 이름과 내용, 그리고 시행시기와 수행 인력을 제시해야 하고, 프로그램에 참여하는 클라이언트의 인원수와 시행 횟수와 시간을 작성하도록 되어 있다.

프로그램 세부 사업 내용의 예는 다음의 <표 9－13>과 같다. 프로그램 세부 사업 내용은 사회복지공동모금회 2019년도 배분 신청 양식에는 사업내용, 사업 진행일정, 사업집행전략과 관련하여 프로그램을 수행하는 데 필요한 외부 자원과의 연계 협력 전략을 작성하도록 되어 있다. 이것은 세부 프로그램을 담당자가 어떤 방법으로, 어떤 주기로 수행할 것인지와 외부 기관과 어떤 협조를 받을 것인지에 대한 내용을 작성한다. 배분사업 공모기관에 따라 세부 프로그램 수행방법을 작성하는 방식에 차이가 있으므로 사회복지공동모금회의 예전 양식과 최근 양식을 모두 참고하면 좋겠다. 사회복지공동모금회의 세부 프로그램 수행방법 양식은 <표 9－14>와 같다.

〈표 9-13〉 프로그램 활동내용 실제 사례(1)

성과목표	프로그램	활동 (수행방법)	시행 시기	수행 인력	참여 인원	시행횟수 시간
보호 아동의 야간 안전 사고율 감소	야간아동 보호 및 안전귀가 동행서비스	• 복지관 방과 후 교실 PM 1~10시까지 운영(야간시간대 PM 6~10시) • 아동보호자 귀가 시간에 따라 귀가 일정 조정 • 보호자가 동행귀가를 하지 못하는 경우, 복지관 차량을 통한 귀가 서비스 제공 (운전자, 귀가지도교사 동승)	연간	복지사 1명 봉사자 1명 운전자 1명	20명	보호 : 1일 4시간 주 5회· 귀가 : 1일 1시간 주 5회
평균 신체발달 지수 향상	무료석식·간식제공 및 건강체조	• 야간보호아동에 대한 무료급식 제공(자체 급식시설 운영) • 야간보호아동에 대한 무료 저녁 간식 제공(비타민 공급을 위한 과일 위주의 간식 제공) • 매일 1시간 스트레칭과 근육이완 체조 진행	연간	복지사 1명 봉사자 2명	20명	1일 1시간 주 5회
기초학습 능력 향상	기초학습 지도	• 자체 자원봉사대학생을 활용한 기초학습(국어, 영어, 수학) 지도 • 자체 자원봉사대학생을 활용한 숙제지도, 매일 숙제 알림장 점검	연간	복지사 1명 봉사자 2명	20명	1일 1시간 주 5회
보호아동의 가족 유대감 증대	가족관계 개선 프로그램	• 월 1회 가족관계개선 프로그램 시행(가족음식 만들기, 가족나들이, 가족체육대회, 영화보기 등) • 상담전공자를 통한 가족상담 시행(해결중심기법 활용)	연간	복지사 2명 봉사자 2명	40명	월 1회 4시간· 월 20회 회당 30분

출처 : 2017년 사회복지공동모금회 지원 신청서 양식, p. 20.

〈표 9-14〉 프로그램 활동내용 실제 사례(2)

■ 사업 내용

세부사업명	활동(수행방법)
맞춤형 서비스 지원	• 상담/ 심리치료 : 담당자의 가정 방문을 통한 문제 파악 및 해결방안 모색/가정별 5회 전문 심리검사/ 가정별 1회, 심리치료/ 가정별 6회 • 일상생활 지원 : 주거환경 개선, 긴급생계지원, 학습지원 등 서비스 연계/ 가정별 1회 • 사례 회의 : 참여자 및 사업 담당자 대상 사례별 진행상황 점검 및 상호 피드백 실시/ 1회 • 정신 건강 지원 : 정신의학 전문가 진단에 따라 치료 정신과 진료 지원/ 10가정 선정, 가정별 1회
양육교육 프로그램	• 담당자 상담을 통해 양육교육이 필요한 10가정 선정 • 전문기관 연계를 통한 양육기술 상담 교육 - 행위자 초기 상담, 종합심리평가, 양육태도검사 각 1회 실시 - 양육태도 및 감정코칭 등 전문가를 통한 교육 2회 실시

■ 기관 연계협력 전략

협력기관명	세부사업명	협력계획	비 고
♥♥복지관	맞춤형 서비스 지원	일상생활지원 (긴급생계지원)연계	협약체결 예정
◆◆대학병원	맞춤형 서비스 지원	정신의학자문제공 의료서비스 연계	협약체결(20**)

출처 : 2019년도 사회복지공동모금회 배분사업 안내, p. 30.

(2) 프로그램 담당인력

프로그램 담당인력은 주담당자와 부담당자, 그리고 슈퍼바이저 모두를 포함하여 작성한다. <표 9-15>와 같이 담당부서와 직위, 그리고 각 담당자별 투입시간, 그리고 담당자들의 경력과 주요 업무, 그리고 자격증 보유 여부를 명시한다. 프로그램의 담당인력에 대한 부분은 사회복지공동모금회의 2019년도 배분 신청 양식에는 생략되었으나, 다른 기관에 제출할 때는 필요한 부분이기도 하고 기관 내부 자료로 활용할 수 있으므로 참고하기 바란다.

〈표 9-15〉 프로그램 담당인력 실제 사례

이름 (역할)	담당부서/ 직위	투입시간 (단위 : 1주일)	경력(연)/ 주요 업무	자격증 (신청사업 관련)
김희망 (주담당)	생활복지팀 사회복지사	12시간	• ☆☆종합복지관 1년/ 아동복지담당 • 열매종합사회복지관 2년 1개월	사회복지사 1급 보육교사 1급
이사랑 (부담당)	생활복지팀 사회복지사	8시간	• ◇◇어린이집 2년/ 교사 • 열매종합사회복지관 1년	사회복지사 1급 보육교사 1급
박복지 (슈퍼바이저)	생활복지팀 부장	3시간	• ○○아동보호전문기관 1년/ 상담원 • △△복지관 2년/ 가족복지담당 • 열매종합사회복지관 4년	사회복지사1급

출처 : 2017년도 사회복지공동모금회 지원 신청서 양식, p. 21.

(3) 프로그램 일정표

프로그램 일정표는 일정 기간 수행되어야 할 프로그램의 세부 활동을 월별 도표를 통해 보고 이해하기 쉽도록 작성한 것이다. 2017년도까지의 양식과 2019년도 양식의 변화는 없으며, 행에는 과업내용, 열에는 각 과업내용을 월별로 언제 진행하는지를 표시한다. 다음 <표 9-16>은 프로그램 세부 활동별 계획도표(Gantt chart)이다.

〈표 9-16〉 프로그램 세부 활동 계획도표

주요 내용 \ 기간		1월	2월	3월	4월	5월	6월	7월	8월	9월	10월	11월	12월
참여자 선정		■	■	■									
맞춤형 서비스 지원	상담/심리치료			■	■	■	■	■	■	■	■		
	일상/정신건강지원				■	■	■	■	■	■	■	■	
	사례회의					■		■		■		■	
양육 교육 프로그램	초기상담/검사					■	■						
	교육 진행							■	■	■	■	■	

출처 : 2019년도 사회복지공동모금회 배분사업 안내, p. 30.

연습문제 9-5

1. 프로그램 세부 활동을 <표 9—14>와 같이 작성해 보시오.

세부사업명	활동(수행방법)

2. 프로그램 세부 활동 계획도표를 직접 작성해 보세요.

기간 주요 내용		1월	2월	3월	4월	5월	6월	7월	8월	9월	10월	11월	12월

6. 예산수립

1) 예산과 예산계획 수립

예산은 사회복지기관을 운영하거나 프로그램을 진행하기 위해 계획된 지출과, 지출을 위한 재원 확보 계획을 의미한다. 일반적으로 사회복지기관에서는 회계연도라고 하여 매년 1월 1일부터 12월 31일까지를 한 단위로 보고 지출과 자금조달 계획, 즉 예산계획을 수립하게 된다.

예산은 승인시점에 따라 본예산, 준예산, 추가경정예산으로 구분하며 그 내용은 다음과 같다.

본예산이란 매 회계연도 개시 전 시설운영위원회 보고와 법인 이사회의 승인을 거쳐 법정기일(회계연도 개시 5일 전까지) 내에 시, 군, 구에 제출한 예산을 의미한다.

준예산이란 회계연도 개시 전까지 예산이 성립되지 않은 경우 법인 대표이사 또는 시설의 장이 시, 군, 구에 이를 보고하고 예산이 성립될 때까지 일부 예산(① 직원의 보수, ② 공공요금과 급식비 등 시설의 운영에 필수적인 경비, ③ 사회보험료와 보험료 등 법령상 지급의무가 있는 경비)에 관하여는 전년도에 준하여 편성하는 예산을 의미한다.

추가경정예산이란 예산이 성립된 후에 특별한 사유로 인해 예산에 변경이 필요할 경우 이를 예산 편성절차에 맞게 편성하고 확정하는 예산을 의미한다.

배분사업 공모기관인 사회복지공동모금회 등에서 지원받게 되는 프로그램 예산은 프로그램을 계획할 때 세우는 지출과 재원확보 계획을 의미한다. 이 프로그램이 지원 대상으로 선정되어 예산을 지원받게 되면 사회복지기관은 그 예산을 기관예산에 포함시키게 되는데, 이와 같이 예산계획 수립 때보다 추가 또는 감소되는 예산을 수정하여 수립하게 되므로 앞서 설명한 추가경정예산 편성을 통해 추가 또는 감소된 예산을 본예산에 포함하여 편성한다.

프로그램을 배분사업 수행기관으로 선정되기 원하는 기관으로서 심사위원들에게 신뢰감을 주기 위해서는 프로포절을 작성할 때 사업의 내용과 관련성이 있는 실제로 필요한 것을 예산에 포함시켜야 한다. 프로포절 제출처에 따라 별도의 예산편성 지침이 있다면 그에 준해서 작성하며, 예산 삭감 등을 고려하여 부풀리거나 필요 없는 항목을 넣는 것은 삼가야 한다. 그리고 편성되는 예산들은 전체 사업을 이해하기 쉽도록 산출근거나 소계, 합계 등을 자세하고 정확하게 작성한다.

2) 사회복지 재원의 종류

사회복지기관에서 프로그램을 계획하고 운영하기 위해 집행하는 예산확보가 선결되어야 한다. 프로그램을 실시하기 위해 '어떤 재원을 사용해야 하는가?'라는 물음에 답하기 위해서는 다양한 재원에 대한 이해가 필요하다.

재원은 정부재원과 민간재원으로 구분한다. 정부재원은 정부보조금, 그랜트, 정부와의 계약, 정부로부터의 비용의 상환이 있다. 민간재원은 공동모금회 배분 자금, 기업복지재단의 프로그램 지원금 등 다양하다.

(1) 정부재원(Government Funds)

① 정부보조금(government subsidy)

정부보조금은 일정한 요건이 되는 사회복지기관이나 프로그램에 대한 중앙정부나 지방자치단체의 재정지원을 말한다. 각종 사회복지기관이 법률로 정한 일정한 시설과 인력을 갖추고 정부로부터 설치 승인 또는 허가를 받으면 보조금이 지원된다. 이처럼 정부보조금의 지급은 보편적이고 일률적인 지원 형태를 유지한다.

② 그랜트(grant)

중앙정부나 지방자치단체가 자격을 갖춘 사회복지기관에 보편적이고 일률적으로 직접 지원하는 정부보조금과 대조적으로 그랜트는 선택적 지원의 특성을 갖는다.

첫째, 그랜트는 특정한 목적 달성을 위해 선택적으로 정부가 재정지원을 하는 것을 말한다. 예를 들면, 2000년대 초반 노인일자리 창출을 위한 시니어클럽의 시범사업 실시를 위해 재정을 지원하는 등 특정한 기관을 대상으로 정부보조금을 지원한 것을 들 수 있다.

둘째, 그랜트는 중앙정부가 여러 가지 특정한 목적을 달성하기 위해 지자체로 교부하는 금전을 말하기도 한다. 그것의 예가 되는 노인일자리사업은 정부가 국책사업으로 추진하면서 지방자치단체에서의 사업 추진을 위해 일정 비율의 재정을 지방자치단체로 지원하는 형태로 운영되고 있다.

③ 정부와의 계약(contract with the government)

민간 사회복지기관은 정부와의 계약을 통해서 프로그램 및 서비스를 충분히 제공했다고 인정되면, 그에 대한 비용을 지급받는 형태를 가질 수 있다. 우리 주변에서는 찾아보기 힘든 것이기는 하지만 중앙정부나 지방자치단체가 단위별 프로그램 운영에 대하여 계약을 하고 정해진 활동을 하게 될 경우에 계약대로 금전을 받게 된다면 이것을 정부와의 계약에 의한 재정지원이라고 한다.

④ 정부로부터 비용의 상환(repayment of expenses from the government)

일정한 수급 자격을 가지고 있는 클라이언트에게 서비스를 제공하면 정부가 그 비용을 제공기관에서 지불하는 방식이 정부로부터의 비용의 상환(reimbursement)이다. 예로 건강보험과 장기요양보험을 통해 의료서비스를 제공하는 것을 들 수 있다. 특히 장기요양보험은 일정한 장기요양등급을 받아 시설에 입소한 클라이언트에게 해당 기관이 서비스를 제공하고 국민건강보험공단으로부터 의료비를 청구하여 상환받는 형태로 재정이 지원된다.

(2) 민간재원(Private Funds)

민간재원은 다양한 형태로 존재하며 크게 지원 법인의 배분자금, 기부금 및 후원금, 그리고 서비스 이용료, 법인전입금, 특별행사 수입금 등이 있다. 민간재원 중 서비스 이용료는 다른 형태의 재원과 비교하여 클라이언트가 직접 부담하는 금액으로 현실적인 금액을 받을 수 없어 사회복지기관에서 클라이언트에게 제공되는 서비스가 제대로 이루어질 수 있을 만큼 충분하지 못하다는 단점이 있다.

그리고 최근 보조금 의존을 낮추기 위한 노력의 하나로 후원금 모금을 강조하는 경우가 있다. 하지만 사회복지기관이 기부금 혹은 후원금에 의존할 경우 클라이언트를 위한, 클라이언트에 맞추는 프로그램보다는 기부자 또는 후원자에게 더 관심을 갖도록 하는 프로그램을 진행해야 할 수도 있고, 아직 우리나라가 기부문화가 정착되어 있지 않아 후원 모금을 통한 재원확보는 한계가 있다.

3) 프로그램 예산 편성

사회복지 프로그램은 문제를 확인하여 그 규모를 파악하고, 그것을 해결하기 위해 프로그램의 목적과 목표를 설정한다. 그리고 그 목표를 달성하기 위한 다양한 서비스 활동을 계획한다. 그러나 그보다 더 중요한 것이 프로그램을 운영하기 위해 필요한 예산을 편성하는 것이다. 사회복지공동모금회의 예산편성 사례를 보면 <표 9-17>과 같다.

프로그램의 예산편성은 먼저 프로그램을 운영하기 위한 재정 상태를 검토하고 충분한 예산이 있는지 평가해 보아야 한다. 그리고 계획된 예산을 조달할 수 있는 계획을 마련해 놓아야 한다.

사회복지공동모금회의 프로포절 작성 시 예산편성은, 예산항목의 '목'에 인건비와 사업비, 그리고 관리운영비로 구분한다. 그리고 '세목'과 '세세목'에 그에 해당하는 산출근거를 명시하여 예산을 배정한다. 그리고 지원신청과 사회복지기관 자체에서 얼마의 비율대로 예산을 조달할 것인지도 결정하여 제시하여야 한다.

〈표 9-17〉 사회복지공동모금회 프로포절 예산편성 예시

(단위 : 원)

목	세목	세세목	계	산출근거	예산조달 계획				
					신청금액	비율 (%)	자부담	비율 (%)	자부담 재원
총 계			52,150,000		48,900,000	100	3,250,000	100	
인건비	담당인력	급여	16,000,000	1,600,000원 × 10월 × 1명	16,000,000				
		사회보험	1,750,000	175,000원 × 10월 × 1명			1,750,000		자체예산
	소 계		17,750,000		16,000,000	32.7	1,750,000	53.8	
사업비	맞춤형 서비스 지 원	상담/ 심리	17,500,000	가정 방문 10,000원 × 20가정 × 5회			1,000,000		자체예산
				심리검사 200,000원 × 20가정 × 1회	4,000,000				
				심리 치료비 100,000원 × 20가정 × 6회	12,000,000				
				사례회의 자문 및 진행비 100,000원 × 5회			500,000		자체예산
		심 화 프로그램	4,000,000	전문상담 100,000원 × 10가정 × 1회	1,000,000				
				정신과 진료 지원 300,000원 × 10가정 × 1회	3,000,000				
	양육교육 프로그램	양육기술 상담교육	12,000,000	강사비 (특별강사, 2시간) 400,000원 × 20회	8,000,000				
				교재, 교구 200,000원 × 10회	2,000,000				
				교육진행비 100,000원 × 20회	2,000,000				
	소 계		33,500,000		32,000,000	65.4	1,500,000	46.2	
관리운영비	관 리 운영비	교 통 비	600,000	50,000원 × 12월 × 1명	600,000				
		사 무 용 품 비	300,000	100,000원 × 3회	300,000				
	소 계		900,000		900,000	1.9			

출처 : 2019년도 사회복지공동모금회 배분사업 안내, p. 30.

연습문제 9-6

1. 프로그램 예산계획을 다음과 같은 조건으로 작성해 보시오.
   - 총예산은 1억 원(지원금 9,000만 원, 자부담 1,000만 원)
   - ‘목’의 비율은(인건비 : 사업비 : 관리운영비 = 20 : 50 : 30)
   - 인건비
     - 슈퍼바이저나 프로그램 담당자는 인건비를 책정하지 않는다.
     - 프로그램에 운영에 반드시 필요한 인력에게만 인건비를 줄 수 있다.
   - 사업비
     - 목표를 달성하기 위한 세부 활동 세 가지에 각각 예산을 배정하시오.
   - 관리운영비
     - 프로그램에 맞게 제세공과금과 차량유지비 등을 배정하시오.

목	세목	세세목	계	산출근거	예산조달 계획				
					신청금액	비율 (%)	자부담	비율 (%)	자부담 재원
총 계									
인건비									
	소 계								
사업비									
	소 계								
관리운영비									
	소 계								

4) 예산 및 결산 보고

사회복지기관의 예산 보고의 과정은 다음과 같다. 사회복지기관의 주무관청이 매년 10월까지 다음 해의 예산계획 수립에 필요한 지침을 기관이 속해 있는 법인에 통보할 수 있다. 만약 주무관청의 지침에 대한 통보가 있다면, 법인은 11월 말까지 예산편성지침에 의거하여 소속 사회복지기관에 예산계획수립과 관련된 내용을 통지해 주어야 한다. 그러면 사회복지기관은 예산계획을 수립, 시설운영위원회에 보고한 다음, 법인이사회의 승인을 받은 후 회계연도가 시작하는 날로부터 5일 전까지 주무관청에 보고하여야 한다. 주무관청은 보고받은 날로부터 20일 이내에 사회복지기관의 예산계획을 공고하고, 공고한 날로부터 20일 동안 게시하여야 한다. 이때 주무관청의 게시판 또는 인터넷 홈페이지와 법인 및 사회복지기관의 홈페이지에도 게시하여야 한다. 이를 표로 나타내면 <표 9-18>과 같다.

〈표 9-18〉 예산계획 수립

매년 10월 31일한	매년 11월 30일한	매년 회계연도 시작 5일 전까지
• 지자체는 특별한 경우 법인, 시설에 예산편성 지침 통보 가능	• 법인 대표이사 법인과 시설의 예산편성지침 고지	• 운영위원회 보고 • 법인이사회 의결 • 지자체보고
예산편성지침 통보	예산편성지침 설정	예산편성

예산편성과 함께 사회복지기관의 결산보고 과정은 다음과 같다. 당해 회계연도의 지출을 12월 31일까지 마감하고, 다음 연도의 3월 31일까지 주무관청에 결산과 관련한 보고를 하게 되는데, 예산편성에 따른 보고와 마찬가지로 결산과 관련하여 시설운영위원회에 보고가 끝나면 법인

이사회의 승인을 거쳐 주무관청에 결산보고를 완료하면 된다. 주무관청은 결산보고를 받은 날로부터 20일 이내에 홈페이지 등에 공고하게 되어 있고, 공고를 한 날로부터 20일 동안 게재하여야 한다(단, 후원금에 대한 내역은 공고한 날로부터 3개월 동안 게재한다).

7. 평가 및 향후 계획

1) 프로그램 평가의 개념

사회복지 프로그램 평가란 사회복지 조직의 전체 또는 선별된 프로그램의 효율성과 효과성, 적절성을 객관적이고 체계적인 방법을 통하여 검토하는 과정이다. 사회복지 프로그램은 평가를 통해 프로그램의 효과성을 확인하고, 지속적으로 프로그램을 진행해야 하는 정당성을 확보할 수 있다. 이를 통해 서비스의 확대나 서비스를 향후 어떻게 운영해야 할지에 대한 의사결정을 하는 지표를 찾아낼 수 있다.

다음 <표 9-20>은 사회복지공동모금회의 평가방법의 예시이다. 평가방법을 산출목표와 성과목표로 구분하여 제시하도록 되어 있다.

산출목표는 프로그램의 진행 과정이 잘 이루어졌는지를 보는 형성평가(과정평가)를 말하는 것이며, 성과평가는 프로그램을 통해 클라이언트에게 긍정적인 변화가 일어났는지를 볼 수 있는 총괄평가(결과평가)를 뜻한다. 구체적으로 보면, 세부사업별로 산출목표와 성과목표를 구분하여 제시하고, 산출목표는 세부 프로그램의 실시 횟수를 평가지표로, 평가방법은 프로그램이 계획대로 진행되는지 지속적으로 모니터링하는 것으로 작성한다.

성과목표는 객관적인 측정도구나 구조화된 설문지를 평가도구로 활용하고 설문조사 또는 인터뷰를 연구방법으로 제시하는 등 구체적인 평가내용을 파악할 수 있도록 작성한다. 이때 클라이언트의 긍정적 변화를 최종적으로 기대하게 되는데, 평가도구, 즉 척도는 수량집계, 표준화된 척도, 기능수준 척도, 서비스 이용자 만족도 중 하나로 측정하게 된다. 측정할 수 있는 척도를 좀 더 상세하게 설명하면 <표 9-19>와 같다. 수량집계는 서비스 이용자와 관련되어 '예'나 '아니요'로 간단하게 대답을 요구하는 질문을 작성하여 측정하는 것이다. 표준화된 척도는 연구에 의하여 이미 정리된 척도를 의미한다. 그리고 기능수준 척도는 특정 집단이나 문제에 익숙한 직원 및 전문가들에 의해 개발한 척도이다. 마지막으로 서비스 이용자 만족도는 평가 초기단계에서 많이 선택되는 도구로서, 수집이 용이하므로 많이 사용되는 방법 중 하나다. 서비스 이용자의 만족도와 삶의 질 개선이 필연적으로 상관관계가 존재하지 않을 수도 있고 서비스 이용자가 기관이나 담당자의 입장을 고려해 긍정적으로 대답할 가능성이 많으므로 주의해야 한다.

〈표 9-19〉 평가척도 예시

평가척도	예 시
수량집계	취업교육을 종료한 후 취업을 하였는가? 학교 밖 청소년들이 비행예방 교육 종료 후 비행을 저질렀는가?
표준화된 척도	자아존중감 척도를 통해 자아존중감 수준은 어떠한가?
기능수준 척도	IADL(Instrumental Activity of Daily Living; 일상생활기능척도) ADL(Activity of Daily Living; 일상생활척도)
서비스 이용자 만족도	운영기관 및 프로그램에 적합하게 구조화된 질문지로 측정

즉, 평가계획에는 성과목표를 달성할 수 있도록 성과지표와 어떤 도구를 활용할 것인지, 측정 시기는 언제인지를 포함시켜 제시하여야 한다. 특히 양적인 측정이 가능한 것은 지표나 척도를 활용하여 설문조사를 하지만, 그렇지 못한 경우에는 질적인 변화수준을 측정할 수 있는 참여관찰법 또는 인터뷰 등의 질적 평가방법을 활용할 수 있다.

〈표 9-20〉 평가방법 예시

■ 산출목표

세부사업명	산출목표	모니터링 방법
맞춤형 서비스 지원	• 20가정 일반 상담 5회, 총 100회 실시	• 방문 일자별 상담기록 작성
	• 20가정 심리 치료 1회, 총 120회 실시	• 검사 결과/ 치료 일지 확인
	• 서비스 통합 사례 회의 5회 실시	• 사례회의록 작성
	• 일상생활 지원 가정별 1회, 총 20회 실시	• 자원연계 내역 기록
양육교육 프로그램	• 전문가 상담 및 교육 가정별 2회, 총 20회	• 교육 일지 및 상담기록 작성

■ 성과목표 및 평가방법

성과목표	평가도구 및 방법	측정 시기
아동학대 행위자의 학대 위험요인 감소	• 성과지표 : 학대 위험 20% 감소 • 평가도구 : 학대위험도 평가척도 • 평가방법 : 학대행위자 20가정 대상 사전 사후 설문조사	사전(2월) 사후(12월)
아동학대 행위자의 부모양육태도 향상	• 성과지표 : 부모 양육 태도 20% 향상 • 평가도구 : 부모양육태도 검사(PAT) 척도 • 평가방법 : 부모, 가족 구성원 사전 사후 설문조사	사전(4월) 사후(12월)
아동학대 피해가정 가족 기능 강화	• 평가주체 : 본 기관 담당자 • 평가방법 : 참여자 20가정 대상으로 구조화된 질문지를 통해 인터뷰 실시	사업종료 후 (12월)

출처 : 2019년도 사회복지공동모금회 배분사업 안내, p. 32.

2) 프로그램 평가의 목적

사회복지 프로그램 평가의 목적은 프로그램의 운영과 관련하여 효과성 여부를 판단하여 향후 프로그램의 중단, 축소, 유지, 확대 여부 등의 결정을 하는 데 중요한 자료를 확보하는 것이라고 할 수 있다. 평가자는 평가하는 궁극적인 목적을 이루기 위해서는 평가하려는 서비스 또는 프로그램이 지향하는 바가 무엇인지 그리고 도달하려는 목표가 무엇인지

확실히 파악하고 평가를 실시해야 한다. 또한 최대한 객관화된 지표를 통해 평가함으로써 프로그램의 가치가 확실하게 부여될 수 있도록 해야 한다.

3) 프로그램 평가의 유형

프로그램 평가는 <표 9-21>에 제시한 바와 같이 평가목적과 평가기관, 평가항목 그리고 평가주체에 따라 세부유형으로 구분된다.

평가목적에 따라 프로그램이 운영이 잘 되고 있는지를 평가하는 것을 형성평가라고 하고, 프로그램의 효과가 있었는지를 평가하는 것을 총괄평가라고 한다. 프로그램 안에 형성평가와 총괄평가 두 가지가 모두 포함되어 있으면 통합평가라고 한다.

평가를 받는 기관에 따라서 프로그램을 실시하는 기관을 평가하면 기관평가, 프로그램을 운영하는 담당자를 평가하는 것을 개인평가라고 한다.

평가항목에 따라서 프로그램의 성과목표를 달성했는지를 평가하는 것을 효과성평가, 투입한 자원에 대한 산출을 비교하는 효율성평가, 그리고 프로그램의 효과와 비용이 공평하게 배분되었는지를 평가하면 공평성평가라고 한다.

평가주체에 따라서는 프로그램 담당자 스스로 평가를 실시하면 자체평가, 기관 내부에서 프로그램을 담당하지 않는 사람이 해당 프로그램을 평가하면 내부평가, 기관외부 인력이 평가를 하게 되면 외부평가라고 한다.

〈표 9-21〉 평가의 유형

구 분	세부유형	내 용
평가목적	형성평가	• 프로그램 운영 과정에서 이루어지는 평가 • 프로그램이 형성되는 과정에 중점을 둔 평가 • 서비스 전달체계 및 서비스 효율성 향상을 위한 평가
	총괄평가	• 프로그램 종료 시점에 이루어지는 평가 • 프로그램의 중단, 축소, 유지, 확대 등을 결정하기 위한 평가
	통합평가	• 형성평가와 총괄평가를 통합적으로 실시
평가기관	기관평가	• 프로그램 자체를 평가하고 서비스의 효과성을 평가
	개인평가	• 프로그램을 운영하는 실천가를 평가 • 자가평가, 동료평가 등이 있음
평가항목	효과성평가	• 프로그램의 목표 달성 정도를 평가
	효율성평가	• 투입과 산출을 비교평가
	공평성평가	• 프로그램의 효과와 비용이 공평하게 배분되었는지 여부를 평가
평가주체	자체평가	• 프로그램 담당자 스스로 하는 평가 • 공정성을 확보할 수 있는지 고려 필요
	내부평가	• 기관 내부에서 프로그램을 담당하지 않는 인원이 평가
	외부평가	• 기관 외부에서 프로그램을 평가

4) 향후 계획

향후 계획은 프로그램 종료에 따라 기대되는 효과는 무엇인지, 그리고 이후 프로그램 결과를 어떻게 활용할 것인지, 그리고 프로그램 종료 시점에서 서비스 만족도 또는 클라이언트의 변화 정도를 측정한 결과에 따라 프로그램을 중단할 것인지 아니면 유지할 것인지, 규모를 축소할 것인지 아니면 확대할 것인지를 검토하는 과정이다.

프로그램을 계속 유지하거나 규모를 확대할 경우에는 재정 지원이 추가적으로 이루어지지 않을 경우 사업을 지속하기 위해 어떤 노력과 계획을 세워야 하는지도 제시할 수 있어야 한다.

<사례 9-18>은 사회복지공동모금회의 작성사례로 사업종료 후 지향점이라고 하여 프로그램 수행에 따른 기대효과와 프로그램의 결과에 대한 활용계획으로 구분하여 향후 계획을 제시하고 있다.

사례 9-18

■ **사업 수행으로 인한 기대 효과**

아동학대 피해 사례 발생 이후 근본적인 학대 발생 위험요인이 충분히 제거되지 않은 채 재학대의 위험에 노출되어 있던 아동과 가족에 대한 체계적인 접근을 통해 가족의 기능을 강화시키고, 아동의 안전을 도모함으로써 건강한 성장에 기여할 수 있을 것으로 기대된다.

■ **사업 결과의 활용 계획**

본 사업으로 구축된 지역사회 내 자원들과의 지속적인 협력체계를 확보하여, 사업 종료 후에도 지속적인 모니터링을 통해 한시적인 사례관리가 아닌 재학대 예방을 위한 사례관리를 실시할 수 있도록 아동보호예방체계를 구축하고자 한다.

연습문제 9-7

1. 프로그램의 성과목표 및 목표에 대한 평가방법을 작성해 보시오.

■ 산출목표

세부사업명	산출목표	모니터링 방법

■ 성과목표 및 평가방법

성과목표	평가도구 및 방법	측정 시기

2. 프로그램에 대한 재정지원처의 지원이 종료되었지만, 프로그램을 계속하여 진행할 경우 어떤 노력을 해야 하는지에 대해 이야기해 봅시다.

10 CHAPTER

프로포절 작성 방법

1. 프로포절 개요

프로포절(proposal)이란 프로그램 수행을 위한 예산확보 계획서 또는 제언서를 의미한다. 사회복지현장에서 프로포절 기획능력(planning ability)은 사회복지사가 갖추어야 할 핵심 기술(main skills) 중 하나이다. 이러한 사회복지 프로포절(proposal)의 개념적 정의를 간략하게 언급하자면 '사회복지 프로그램 수행을 위한 예산 확보 기획안 또는 제안서'라 정의할 수 있다.

따라서 프로포절 기획능력은 우리가 실천현장에서 프로그램을 진행하기 위해 소요되는 예산 확보를 가능하게 하는 기획안 작성 능력을 의미한다. 또한 대부분 정부보조금에만 의존하는 사회복지기관 또는 시설(social welfare agency 또는 social welfare institution)들의 부족한 예산을 확보하기 위해서 꼭 필요한 능력이라 할 수 있다.

실천현장(practice)에서 보면 유사한 규모의 기관을 운영하고 있지만 기관의 사업수행 역량은 제각기라 할 수 있다. 그 이유는 무엇일까? 그것은 바로 정부보조금 외의 프로그램 수행을 위한 예산확보 능력 및 예산을 어떻게 효율적으로 사용하는가에 따라 기관의 운영 역량이 상이하게 나타나기 때문이다.

여기서 우리가 간과해서는 안 될 것은 바로 예산규모와 외형의 규모가 아닌 사회복지사의 역량에 주목해야 한다는 것이다. 사회복지사들은 대학에서 사회복지사가 되기 위해 국가에서 제시하는 공통 또는 유사한 교과목을 이수하고 현장에 왔지만 현장에 투입된 사회복지사들의 역량은 제각기이다. 이러한 요인은 여러 가지가 있지만, 대학 교과과정 중 프로그램 개발과 평가 또는 이와 유사한 과목에서 프로포절 기획능력 향상을 위한 실제보다는 이론에 집중하고 실제 기획을 해본 경험이 없이 현장에 투입되어 그러하지 않은가 생각된다. 이에 반해 이러한 실무 교육 및 훈련을 교과과정에서 이수한 사회복지사라면 현장에서 필요 가치가 높은 유능한 실무자로 인정을 받을 수 있을 것이다.

사회복지실천의 궁극적인 목적은 '클라이언트의 삶의 질 향상'이다. 이러한 목적 달성을 위해 사회복지사는 클라이언트의 삶의 질에 걸림돌이 되는 장애물, 즉 문제들을 제거하도록 노력해야 하며 이러한 노력들은 프로그램 개발 및 적용을 통해 실현될 수 있다.

이에 사회복지 실천현장에서 프로그램은 목적이 아닌 수단/ 방법/ 도구로 인식하는 것이 중요하다. 잘못하면 프로그램 자체가 목적이 되어 클라이언트의 긍정적 변화를 위한 방향이 아닌 상이한 방향으로 흐르는 경우를 현장에서 종종 볼 수 있다. 이러한 클라이언트의 삶의 질 향상을 위해 수단 또는 방법으로서의 프로그램을 수행하기 위해서는 예산이 절실히 필요한 것이다. 이것이 바로 프로포절 기획능력이 사회복지사에게 꼭 필요한 이유이며 사회복지학도들은 이러한 점을 명심해야 할 것이다.

2. 프로포절 작성 전 유의 사항

프로포절 작성은 즉흥적 생각으로 작성할 수 있는 결코 쉬운 작업이 아니다. 막연한 아이디어만 가지고 곧바로 프로포절을 작성하는 것은 설계도 없이 집을 짓는 것과도 같은 것이라 하겠다. 따라서 구체적인 프로포절 작업에 들어가기 전에 선행해야 할 것은 먼저 전체적인 윤곽을 그려보는 것이다. 이는 그림 그리는 사람이 전체 스케치를 함으로써 그림의 구도를 잡는 것과 같은 것으로 이 작업은 프로포절 기초설계에 있어 가장 중요한 작업이라 하겠다.

그리고 작성자는 프로포절을 통해 실질적으로 변화될 수 있는 것이 무엇인지를 구체적으로 생각해 보아야 한다. 즉, 사회복지 프로그램의 궁극적인 목적이 클라이언트 삶의 질을 긍정적인 방향으로 변화시키는 것이기 때문이다. 목적이 구체적이지 못하면 클라이언트의 삶의 변화를 구체적으로 이끌지 못하며, 결국 프로그램 자체가 목적이 되어버리는 오류를 범할 가능성이 높아진다.

또한 작성자가 명심해야 할 것 중 하나는 프로포절 하나로 마치 사회 전체를 변화시킬 것 같은 표현은 삼가야 한다는 것이다. 자신감이 있는 것은 좋으나 자신과 기관이 수행할 수 있는 능력범위 내에서 실천 가능한 계획을 세우는 것이 중요하다.

프로포절은 예산을 지원하는 주체와 서비스를 제공받는 클라이언트와의 약속이다. 따라서 프로포절 작성 시 작성자는 사회복지의 책무에 대해 곰곰히 생각해 보고 프로포절 작성에 임하는 것이 중요하다.

3. 프로포절 작성 방법 요약

프로포절 작성 방법은 사회복지공동모금회의 배분사업 신청 유형을 중심으로 설명하고자 한다. 먼저 사회복지공동모금회의 배분사업 신청 유형은 프로그램사업과 기능보강사업 두 가지로 구분하여 제시하고 있다.

프로그램사업은 성과중심형, 성과확산형, 산출중심형의 세 가지 유형으로 구분하였으며, 기능보강사업은 한 가지 유형을 제시하고 있다.

따라서 본 서에서는 프로포절 작성 방법을 사회복지공동모금회에서 제시한 배분사업 신청 유형인 성과중심형, 성과확산형, 산출중심형, 기능보강사업 등 네 가지 사업 유형에 대해 살펴보고자 한다.

1) 성과중심형

성과중심형은 프로그램 사업 신청 유형의 하나로 성과목표를 달성함으로써 사업에 참여하는 클라이언트 또는 지역사회의 긍정적인 변화를 유도하는 유형의 사업이다. 주로 1년간 사업의 형태를 가지며, 클라이언트의 역량강화나 소규모의 지역사회 네트워크 구축 사업 등을 포함한다.

2) 성과확산형

성과확산형은 프로그램 사업 신청 두 번째 유형으로 성과중심형과 대조적으로 2년 이상의 다년간 실시하는 사업이며, 클라이언트의 긍정적인 변화를 유도하는 동시에 사회에 파급력이 큰 사업을 말한다. 성과중심형에서는 1년 동안의 사업계획서를 작성하는 것과 달리 1차년도 사업계획서와 함께 3개년 사업계획서를 포함하여 작성한다.

3) 산출중심형

산출중심형은 프로그램 사업 신청 세 번째 유형으로 현재 빠른 시기에 해결해야 하는 지역사회 이슈 및 개인 또는 가족의 문제에 대해 제공하고자 하는 사업으로 성과목표의 달성보다는 사업을 수행해 나가는 과정에 중점을 두는 사업을 말한다.

4) 기능보강형

기능보강형(사업)은 장비보강, 개보수, 자동차 구입 등 외부적인 문제를 해소하거나 현재 수행되고 있는 사업을 보다 의미 있게 발전시키고자 하는 사업을 말한다.

이상 앞서 구분된 프로포절 신청유형에 따라 프로포절을 작성하는 방법을 신청 유형별 프로포절 구성 내용이 중복되는 부분은 공통적으로 설명하기로 하며, 특별히 ○○○○형에만 해당되는 것이라면 별도로 추가해서 설명하기로 한다.

'사업명'은 프로그램의 목표, 실행방법, 대상자, 서비스 제공 지역 등을 조합하여 작성한다. 1개년 사업이면 1년 동안, 2년 이상의 사업이면 전체 기간 동안에 추진할 사업내용이 포함되어야 한다. 즉, 사업명을 통해 그 사업이 누구를 위한 어떠한 목적으로 수행하려는 것인지 명확히 해야 한다. 따라서 서비스 대상, 목적, 사업내용을 포함할 수 있는 내용으로 구성하여 기입하며, 사업의 슬로건을 포함한 부제의 사용도 가능하다.

프로포절을 심사하는 사람은 여러 편의 신청서를 함께 보기 때문에 사업을 명확하게 설명해 줄 수 있는 사업명이 보다 더 중요하다 할 수 있다. 특히 성과확산형에서는 다른 사업보다 훨씬 더 규모가 있는 사업으로서 사업 전체의 내용을 모두 포함할 수 있는 내용을 제시하는 것이 바람직하다.

사업 참여자 모집전략은 참여대상과 인원, 참여자 선정기준, 참여자 모집방안 순서로 작성한다. '참여대상'은 핵심 참여자와 주변 참여자로 구분하여 제시한다.

핵심 참여자는 프로그램을 통해 긍정적인 변화를 갖게 되는 클라이언트를 말하며, 주변 참여자는 클라이언트의 긍정적 변화를 위해 기여하게 되는 이해관계자를 의미한다. 이것은 클라이언트가 스스로 프로그램에 참여하고자 했다는 것을 강조하는 것이며, 성과목표 달성 여부를 측정하는 대상이 누구인지, 그리고 성과목표를 달성하기 위해 도움을 주는 사람이 누구인지를 명확하게 제시하기 위함이다.

핵심 참여자와 주변 참여자를 제시할 때에는 구체적으로 그들이 누구이며 인원은 몇 명인지를 객관적인 근거를 조사하여 작성해야 한다. 이때 참여자를 선정하는 기준을 함께 제시해야 하며, 모집 기준이 명확할 때 사업내용도 체계적으로 구성된 것으로 인정받을 수 있다. 프로그램을 진행하는 데 있어 어떻게 참여자를 모집하고 선발할 것인지에 대해서도 방안을 마련해야 한다.

'사업내용 및 사업집행 전략'은 세부사업, 세부사업별 시행방법, 시행시기, 횟수, 사업진행일정 등 구체적인 정보를 포함하여 서로 일관성 있게 작성한다. 단, 클라이언트의 문제에 대해 적정한 목표를 달성하는 데 필요한 충분한 내용으로 구성되어야 한다. 예산이나 시간적인 제한이 있다고 하더라도 그 안에서 핵심이 되는 사업을 포함시켜야 한다. 그리고 사업내용에 따른 세부사업(프로그램)은 목표를 설정하고 평가하는 데 상호 연결되어 논리적으로 제시되고 활동되어야 한다.

사업내용은 세부사업으로 구분하고 세부사업을 수행하는 구체적 방법으로서 활동내용, 실시 횟수 등을 포함하여 자세하게 제시한다. 즉, 누가, 무엇을, 언제, 누구에게, 언제부터 언제까지, 몇 회를 하는지, 그리고 사업에 대한 홍보는 어떻게 할지도 보여줄 수 있어야 한다. 그리고 사업진행일정은 세부프로그램별 과업에 따른 일정을 표기하는데 현장에서는 주로 다음 <표 10－1>과 같은 '간트 차트(Gantt chart)'를 활용하여 음영으로 표기한다.

〈표 10-1〉 간트 차트 예시

내용 \ 기간		1월	2월	3월	4월	5월	6월	7월	8월	9월	10월	11월	12월
세부 사업명 1	활동내용1												
	활동내용2												
	활동내용3												
세부 사업명 2	활동내용4												
	활동내용5												
	활동내용6												

단, 성과확산형 사업은 3차 년도 계획 전체에 대한 내용을 세부적으로 설계하기 어려운 점이 있기 때문에, 1차 년도 사업계획서에서만 사업추진일정을 작성한다.

'기관 연계협력 전략'은 프로그램 수행과 관련하여 지역사회에서 기관 외부의 네트워크를 어떻게 확보하고 있는지, 그것을 향후 프로그램을 진행하면서 어떻게 활용할 것인지를 제시한다. 구체적으로 네트워크

내에서의 각 기관이 어떤 역할을 담당하는지 네트워크는 어떤 절차를 통해 지속적으로 유지되는지를 기술한다. 사업에 대한 좋은 아이템을 가지고 있고 추진력이 있는 기관이 해당 사업에 대한 전문성을 보완하기 위해서 다양한 기관과 연계하거나 협력하는 것은 많은 시너지 효과를 나타낼 수 있다. 따라서 사업의 내용과 성격에 맞게 신청기관이 중심이 되고 여러 기관이 컨소시엄으로 사업을 수행할 수도 있으며 사업을 수행하는 과정에서 일부분을 협조를 얻는 형태로도 운영할 수 있다.

'예산'은 총 사업비와 신청금액 및 자부담액으로 구분하여 기재한다. 사회복지공동모금회의 경우 예산계획을 '목', '세목', '세세목'으로 구분하여 기재하도록 제시되어 있으며, 세부사업별을 세목에 편성한다. 일반적으로 '목'에는 인건비, 사업비, 관리운영비로 구분하여 기재하도록 되어 있다. 산출근거에는 실제 단가와 수량, 인원수, 건수 등 구체적인 예산 산출 근거를 제시하게 되어 있는데, 이것은 실제로 충분한 사전조사로 준비해야 한다. 예산수립 시에는 예산편성기준표를 참고할 수 있도록 별도로 제공하고 있다.

예산을 수립할 때에는 사업을 운영하는 데 필요한 예산을 빠짐없이 제시할 수 있도록 해야 하며, 예산 삭감을 감안한 과도한 금액을 신청하는 것을 지양해야 하고, 세부 사업을 이해하기 쉽도록 산출근거 또는 합계를 정확히 기재해야 한다.

예산은 다음 <표 10-2>와 같이 인건비, 사업비, 관리운영비를 분류하여 편성한다. 성과확산형의 경우에는 1차 년도 사업계획서에만 상세하게 작성하면 되고 3개년 예산서는 전체 흐름을 알 수 있도록 세목 단위의 금액만 기재한다.

〈표 10-2〉 예산의 분류

목	개 념	해당내용
인건비	해당 사업을 직접적으로 수행하는 인력에 대한 인건비	• 프로그램 담당, 보조담당 인건비
사업비	프로그램 수행에 직접적으로 드는 비용	• 강사비, 자문비 • 회의비, 행사진행비, 홍보비 • 프로그램 사전 준비물 구입비 • 사업보고서, 결과물 제작비
관리운영비	프로그램 수행에 간접적으로 드는 비용	• 사무용품 구입비, 냉난방비 • 우편요금 • 사업담당 교통비

① 세목, 세세목 : 세목은 '세부 사업명' 단위로 기재하고 항목이 다양하거나 단위가 큰 경우 세세목으로 다시 구분하여 작성한다.

② 산출근거 : 예산을 편성할 때 실제 단가와 수량, 인원수, 건수, 횟수 등을 구체적으로 제시하여야 한다.

③ 비품/ 장비 구입 : 프로그램 수행에 직접적으로 필요한 비품(클라이언트가 사용하는 비품, 장비)인 경우는 사업비에 편성하고 간접적으로 필요한 경우(담당직원이 사용하는 비품, 장비)는 관리운영비에 편성한다.

'사업의 필요성'은 대상자 욕구 및 문제점과 지역 환경적 특성, 경험적 근거, 본 사업과 관련된 지역 복지자원 현황에 대해 기술한다. 즉, 대상자의 욕구와 문제점을 중심으로 구체적인 숫자, 객관적 자료를 중심으로 기입하며, 서비스를 제공하고자 하는 대상자들의 지역 환경적 특성을 객관적 자료로 기입한다. 그리고 사업을 시행하기 위한 경험을 객관적 자료와 사업과 관련된 지역복지 자원 현황도 제시한다. 특히 다른 지역에서 유사한 프로그램이 진행된 적이 있는지, 기존의 유사 프로그램과의 차별성은 있는지를 밝혀야 한다.

그리고 그 프로그램을 수행함에 있어 프로그램 개발자가 속한 기관의 강점도 제시하여 해당 프로그램을 반드시 수행해야 하는 당위성을 제시하여야 한다. 이것은 '이 사업이 왜 필요한가'와 '왜 신청기관이 아니면 안 되는가?'를 충분히 보여줄 수 있어야 한다. 이것은 사업의 필요성이라는 부분이 클라이언트의 문제를 파악하고 그 문제를 해결하기 위해 지향하는 바에 대한 사업의 목적을 논리적으로 연결하는 것으로 프로포절에서 가장 중요한 부분이라 할 수 있다.

'목표 및 목표에 대한 평가방법'은 다음과 같다.

① 성과목표 : 성과목표가 결정되면 성과를 측정할 수 있는 지표, 측정 가능하도록 해주는 증거 혹은 평가도구가 필요하다. 성과지표는 변화량, 빈도, 수 혹은 % 등으로 제시하며, 제시된 지표를 통해 변화의 정도(증가, 감소)를 확인할 수 있어야 한다. 단, 너무 허황된 목표를 잡으면 안 되고, 양적으로 측정하기 어려운 경우에는 질적인 변화로 측정할 수 있어야 한다.

성과확산형 사업에서는 3개년 사업 계획서에서는 3년 이후에 달성하고자 하는 목표를, 1차 년도 사업계획서에서는 1차 년도 종료 시점에서의 성과목표를 제시하면 된다.

산출목표와 모티터링 방법은 성과목표를 달성하기 위해 산출해야 하는 목표와 그것을 지속적으로 관찰할 수 있는 방법을 제시하는 것이다.

〈표 10-3〉 성과목표의 예

바람직한 예	• 노인 우울증 완화 및 가족관계 개선 프로그램 - 노인의 우울수준 감소 - 노인에 대한 자녀, 배우자의 부정적 인식 감소
바람직하지 못한 예	• 노인 우울증 완화 및 가족관계 개선 프로그램 - 우울증 개선 프로그램 80% 수료 - 가족관계 개선 모임 출석률 90% 이상 유지

② 평가방법 : 평가도구와 방법을 의미하며 성과목표 달성 여부를 판단할 수 있는 성과지표와 어떤 도구를 활용할 것인지를 기재해야 한다. 그리고 양적 또는 질적 평가방법 중 어떤 방법으로 평가를 할지에 대해서도 결정하여 제시할 수 있어야 한다. 여기에서 양적 평가방법은 측정이 가능한 지표나 척도를 활용 설문조사를 하는 경우가 대표적이고 질적 평가방법은 인터뷰를 통해 평가에 관한 자료를 수집하는 방법을 말한다.

'사업종료 후 지향점'에서는 사업을 통해 기대되는 효과와 사업결과를 어떻게 활용할 것인지에 대한 계획, 지원 종료 시 사업 지속성에 따른 자구방안 노력 및 계획 정도, 차년도 주요 사업 계획 및 이에 따른 예산, 인력 확보 계획 등을 기입한다.

사업의 기대효과는 사업의 목적과 연계되어 사업이 성공적으로 진행되었을 경우 얻게 되는 것을 의미하며, 사업을 통해 얻게 되는 지식과 경험을 통해 앞으로 무엇을 할 수 있는지를 고민하여 제시하는 것이다. 다음으로 사업을 지속적으로 유지하기 위한 전략은 성과확산형 사업의 경우에 해당하는 항목으로 신청사업의 지원이 종료된 후에 재정적인 부분을 포함하여 사업을 수행할 수 있는 능력을 어떻게 갖춰나갈 것인지에 대한 계획을 의미한다.

여기에서 재정확보를 위해서는 수행기관의 운영 법인을 활용하는 내부적인 재정확보 전략과 국가 또는 지방자치단체, 민간재단, 후원개발을 통한 외부적인 재정확보 전략의 수행이 필요하다. 만약 2년 이상의 기간을 통해 확산의 가능성이 있는 사업을 1년만 사업을 수행하고 재정지원이 종료되었다는 이유로 중단이 예측되는 프로포절은 지원 사업으로 선정되기가 힘들 수도 있다. 비록 동일한 규모는 어렵더라도 지속적으로 사업을 유지할 수 있는 능력이 엿보이는 프로포절이라면 심사과정에서 더 긍정적인 평가를 받을 수 있을 것이다.

■ 성과중심형 프로포절 작성예시(배분신청서, 기관현황 포함 20매 이내로 작성)

1. **사업명** : 아동 학대 고위험 가정의 재학대 예방을 위한 심리정서지원 프로그램

2. **사업 내용 및 추진전략**

1) 사업 참여자 모집전략

(1) 참여 대상 및 인원

핵심참여자	해당 지역의 아동 학대 고위험 가정 피해 아동 20명
주변참여자	해당 지역의 핵심참여자 가족 60명

(2) 참여자 선정 기준

- 1순위 : 기관에 접수된 아동학대 사례 중 아동학대 위험도 평가 결과 재학대 고위험 가정으로 판단된 가정의 아동 및 학대 행위자
- 2순위 : 기관에 접수된 아동학대 사례 중 실무진 회의를 통해 재학대 가능성이 높다고 판단된 가정의 아동 및 학대 행위자

(3) 참여자 모집 방안

- 최근 3년간 접수된 아동학대 사례 분석 및 위험도 평가를 통한 참여자 선정

2) 사업내용(사업수행일정 포함) 및 사업집행 전략

- 사업 내용

세부사업명	활동(수행방법)
맞춤형 서비스 지원	• 상담/ 심리치료 : 담당자의 가정 방문을 통한 문제 파악 및 해결방안 모색/ 가정별 5회 전문 심리 검사/ 가정별 1회, 심리치료/ 가정별 6회 • 일상생활 지원 : 주거환경 개선, 긴급생계지원, 학습지원 등 서비스 연계/ 가정별 1회 • 사례 회의 : 참여자 및 사업 담당자 대상 사례별 진행상황 점검 및 상호 피드백 실시/ 1회 • 정신 건강 지원 : 정신의학 전문가 진단에 따라 치료 정신과 진료 지원/ 10가정 선정, 가정별 1회
양육교육 프로그램	• 담당자 상담을 통해 양육교육이 필요한 10가정 선정 • 전문기관 연계를 통한 양육기술 상담 교육 - 행위자 초기 상담, 종합심리평가, 양육태도검사 각 1회 실시 - 양육태도 및 감정코칭 등 전문가를 통한 교육 2회 실시

• 사업 진행 일정

주요 내용 \ 기간		1월	2월	3월	4월	5월	6월	7월	8월	9월	10월	11월	12월
참여자 선정		■	■	■									
맞춤형 서비스 지원	상담/ 심리치료			■	■	■	■	■	■	■	■		
	일상/ 정신 건강지원				■	■	■	■	■	■	■	■	
	사례회의					■		■		■		■	
양육교육 프로그램	초기상담/ 검사					■	■						
	교육 진행							■	■	■	■	■	

3) 기관 연계협력 전략

협력기관명	세부사업명	협력 계획	비고
♥♥복지관	맞춤형 서비스 지원	일상생활지원(긴급생계지원) 연계	협약체결 예정
◆◆대학병원	맞춤형 서비스 지원	정신의학 자문 제공, 의료서비스 연계	협약체결(20**)

3. 예산 편성

목	세목	세세목	계	산출근거	예산조달 계획				
					신청금액	비율(%)	자부담	비율(%)	자부담재원
총 계			52,150,000		48,900,000	100	3,250,000	100	
인건비	담당인력	급여	16,000,000	1,600,000원 × 10월 × 1명	16,000,000				
		사회보험	1,750,000	175,000원 × 10월 × 1명			1,750,000		자체예산
	소 계		17,750,000		16,000,000	32.7	1,750,000	53.8	
사업비	맞춤형 서비스 지원	상담/심리	17,500,000	가정 방문 10,000원 × 20가정 × 5회			1,000,000		자체예산
				심리검사 200,000원 × 20가정 × 1회	4,000,000				
				심리 치료비 100,000원 × 20가정 × 6회	12,000,000				
				사례회의 자문 및 진행비 100,000원 × 5회			500,000		자체예산
		심화 프로그램	4,000,000	전문상담 100,000원 × 10가정 × 1회	1,000,000				
				정신과 진료 지원 300,000원 × 10가정 × 1회	3,000,000				
	양육교육 프로그램	양육기술 상담교육	12,000,000	강사비 (특별강사, 2시간) 400,000원 × 20회	8,000,000				
				교재, 교구 200,000원 × 10회	2,000,000				
				교육진행비 100,000원 × 20회	2,000,000				
	소 계		33,500,000		32,000,000	65.4	1,500,000	46.2	
관리운영비	관리 운영비	교 통 비	600,000	50,000원 × 12월 × 1명	600,000				
		사무 용품비	300,000	100,000원 × 3회	300,000				
	소 계		900,000		900,000	1.9			

4. 문제의식(사업 필요성)

1) 사업 계획 배경

아동학대 사례가 발생하여 피해아동에 대한 상담 및 치료가 성공적으로 진행되더라도 학대행위자 및 가정환경에 대한 근본적인 개입이 이루어지지 않으면 재학대로 이어질 확률이 높다. 20××년 전국아동학대현황보고서에 따르면 아동학대 사례 1만 7천여 건 중 가해자가 부모인 사건은 80%이며, 전체 피해 아동의 76%는 가정으로 돌아갔다. 또한 전체 피해 아동 10명 중 1명은 재학대 경험이 있으며, 재학대 장소의 93%가 가정이라는 점은 부모에 의한 재학대 발생의 심각성을 뒷받침한다. 최근 5년간 재학대 사례를 살펴보면 20△△년 563건에서 20××년 1,240건으로 약 20% 증가한 것으로 나타나고 있으나 이에 대한 대책은 전무한 실정이므로 적극적인 사회적 지원이 필요하다.

2) 기존 유사사업과의 차별성

본 기관의 기존 사업은 아동학대 예방을 위한 의심 사례와 아동학대 피해 사례 개입 중심으로 진행된다. 아동학대 의심 사례 개입의 경우 예방적 차원에서 접근되기는 하나 아동학대 피해 사례 개입의 경우 예방적 차원보다는 문제 해결을 위한 접근을 우선으로 한다. 더욱이 피해아동과 학대행위자 중심으로 진행되어, 가족 구성원 등과 같은 주변 요소에 대해서는 간과되는 경우가 많고 결국 학대 발생 위험 환경에 동일하게 노출되는 경우가 발생하고 있다.

따라서 본 프로그램을 통해 기존에 간과되었던 주변 환경에 대한 개입과 예방 차원의 접근을 통해 재학대 발생 위험요인을 제거하고 재학대를 예방을 도모하고자 한다.

3) 신청기관의 강점

본 기관은 아동복지법에 의해 설치된 전문기관으로 아동학대 개입 및 아동 권익 증진 관련 사업을 진행하고 있다. 또한 피해아동 및 가정 지원을 위해 법조계, 의료계 등 전문가조직 네트워크를 구축하고 있으며, 아동학대 사례 가정의 지역사회 내 정착을 위해 자원봉사동아리를 구축하여 운영하는 노력을 펼치고 있다. 20××년부터는 재학대율을 낮추고자 전문가 자문을 통해 가족단위 심리정서 프로그램을 진행한 바 있으며, 이를 통해 재학대 발생 위험을 감소시킨 경험을 가지고 있다. 본 프로그램을 통해 보다 체계적인 개입을 실시하여 재학대 예방을 성공적으로 진행할 수 있을 것으로 기대된다.

5. 목표 및 평가

1) 산출목표

세부사업명	산출목표	모니터링 방법
맞춤형 서비스 지원	• 20가정 일반 상담 5회, 총 100회 실시	• 방문 일자별 상담기록 작성
	• 20가정 심리 치료 1회, 총 120회 실시	• 검사 결과/ 치료 일지 확인
	• 서비스 통합 사례 회의 5회 실시	• 사례회의록 작성
	• 일상생활 지원 가정별 1회, 총 20회 실시	• 자원연계 내역 기록
양육교육 프로그램	• 전문가 상담 및 교육 가정별 2회, 총 20회	• 교육 일지 및 상담기록 작성

2) 성과목표 및 평가방법

성과목표	평가도구 및 방법	측정 시기
아동학대 행위자의 학대 위험요인 감소	• 성과지표 : 학대 위험 20% 감소 • 평가도구 : 학대위험도 평가척도 • 평가방법 : 학대행위자 20가정 대상 사전 사후 설문조사	사전(2월) 사후(12월)
아동학대 행위자의 부모양육태도 향상	• 성과지표 : 부모 양육 태도 20% 향상 • 평가도구 : 부모양육태도 검사(PAT) 척도 • 평가방법 : 부모, 가족 구성원 사전 사후 설문조사	사전(4월) 사후(12월)
아동학대 피해가정 가족 기능 강화	• 평가주체 : 본 기관 담당자 • 평가방법 : 참여자 20가정 대상으로 구조화된 질문지를 통해 인터뷰 실시	사업종료후 (12월)

6. 사업종료 후 지향점

1) 사업 수행으로 인한 기대 효과

아동학대 피해 사례 발생 이후 근본적인 학대 발생 위험요인이 충분히 제거되지 않은 채 재학대의 위험에 노출되어 있던 아동과 가족에 대한 체계적인 접근을 통해 가족의 기능을 강화시키고, 아동의 안전을 도모함으로써 건강한 성장에 기여할 수 있을 것으로 기대된다.

2) 사업 결과의 활용 계획

본 사업으로 구축된 지역사회 내 자원들과의 지속적인 협력체계를 확보하여, 사업 종료 후에도 지속적인 모니터링을 통해 한시적인 사례관리가 아닌 재학대 예방을 위한 사례관리를 실시할 수 있도록 아동보호예방체계를 구축하고자 한다.

■ 성과확산형 프로포절 작성예시(배분신청서, 기관현황 포함 30매 이내로 작성)

1. **사업명** : 폭력피해여성의 자립지원을 위한 지역 연계형 인턴십 사업

2. **사업 내용 및 추진전략**

1) 사업 참여자 모집전략

구 분	1차 년도	2차 년도	3차 년도
핵심참여자	○○시 내 폭력피해여성 20명	○○시 내 폭력피해여성 20명	○○시 내 폭력피해여성 30명
주변참여자	인턴십 참여기업(기관)	인턴십 센터 자문위원회 인턴십 참여 기업(기관)	인턴십 센터 자문위원회 인턴십 참여(기관)

2) 연차별 사업내용

1차 년도	
특 징	• 통합자립지원을 통해 참여자의 기초 역량 강화 • 인턴십 센터 설립 및 지역 자원 구축을 위한 기반 마련
핵심내용	• 심리·정서 지원 : 고용복지 사례관리, 자기성찰 및 상담 • 직업 역량 강화 : 진로상담 및 분야별(바리스타/ 뷰티/ 공예) 기초·심화 기술 교육 • 인턴십 센터 설립 기반 마련 : 사업 아이템 기획 및 운영전략 수립/ 지역사회 연계 협력 기관 발굴 및 자문위원회 구성
2차 년도	
특 징	• 1차 년도 사업 참여자 중심의 인턴십 센터 설립 및 운영 • 인턴십 센터 운영 활성화 및 취업처 발굴을 위한 지역 자원 연계 확대
핵심내용	• 심리·정서 역량강화 : 고용복지 사례관리, 스트레스 관리, 관계 및 소통 능력 향상 교육 • 직업 역량 강화 - 분야별(바리스타/ 뷰티/ 공예) 직무능력 평가 및 보수교육 - 인턴십 센터 실무 인턴(3개월)/ 인턴십 연계 기업(기관)을 통한 인턴십 참여(6개월) • 인턴십 센터 운영 : 인턴십 매장 세팅 및 오픈/ 지역사회 연계 협력 기관 지속 발굴
3차 년도	
특 징	• 인턴십 센터 운영 안정화를 통해 지속가능한 자립지원시스템 구축 • 취·창업 성공사례 도출 및 지역연계형 인턴십 사업 모델화
핵심내용	• 심리·정서 역량강화 : 고용복지 사례관리, 재정관리, 협동화 교육 • 직업 역량 강화 - 분야별(바리스타/ 뷰티/ 공예) 전문가 과정 - 인턴십 센터 매니저, 강사 과정(3개월)/ 인턴십 연계기업(기관)을 통한 인턴십 참여(6개월) - 유관 분야 취업 연계 알선 및 창업 지원 • 인턴십 센터 운영 - 수익 창출을 위한 마케팅 전략 개발 지속, 매장아이템 업그레이드 - 사회적 협동조합 등록 준비

3) 기관 연계협력 전략

협력기관명	세부사업명	협력 계획	비고
○○시 사회적경제 허브센터	직업 역량 강화	인턴십 참여 기업 연계	협약 체결 (20**)
○○공사	인턴십 센터 운영	인턴십 센터 운영을 위한 유휴 공간 지원	협약 체결 예정
◆◆커피	직업 역량 강화	바리스타 교육, 현장체험, 인턴십 연계	협약 체결 (20**)

3. 예산 편성

(단위 : 천 원)

구분	1차 년도			2차 년도			3차 년도		
목	세목	신청금액	자부담	세목	신청금액	자부담	세목	신청금액	자부담
총 계		90,668	20,000	총 계	171,953		총 계	141,690	20,000
인건비	담당자 급여	23,000		담당자 급여	25,000		담당자 급여	20,000	5,000
	소 계	23,000		소 계	25,000		소 계	20,000	5,000
사업비	심리정서 지 원	8,820		심리정서 지 원	6,780		심리정서 지 원	7,530	
	직 업 역량강화	52,128		직 업 역량강화	56,438		직 업 역량강화	60,350	
	인 턴 십 센터운영	2,100	20,000	인 턴 십 센터운영	80,815	10,000	인 턴 십 센터운영	50,890	15,000
	소 계	63,048	20,000	소 계	144,033	10,000	소 계	118,770	15,000
관리운영비	사무용품	1,900		사무용품	1,900		사무용품	1,900	
	출 장 비	720		출 장 비	1,020		출 장 비	1,020	
	집기비품	2,000		-	-		-	-	
	소 계	4,620		소 계	2,920		소 계	2,920	

4. 문제의식(사업 필요성)

1) 사업 계획 배경

성매매, 가정폭력, 성폭력 등 폭력피해여성들은 폭력과 위기사건을 통해 극도의 불안, 스트레스를 경험하고 다양한 영역에서 복합적인 문제와 다차원적인 불리함을 안고 있는 대표적 취약계층에 속한다. 폭력 피해 여성은 심리적 위축과 학력 및 경력단절, 기술부족, 사회적응력 및 자기관리 능력 부족 등 관계적, 기능적 장애로 인한 부적응과 단절의 상황 속에 놓이기 쉽고 결국 일상생활과 취업영역에 있어서의 정상적인 사회인으로 자립이 어려워질 수 있다. 결국 취약여성들의 어려움과 욕구는 개별서비스나 단발적인 지원이 아닌 보다 장기적으로 포괄적 관점에서의 지원과 함께 해결되어야 하며, 단절된 시설이 아닌 지역사회 안에서 상담과 훈련과 경험을 통해 단계적이고 통합적으로 지원되어야 한다.

2) 기존 유사사업과의 차별성

현재 성매매피해여성의 지원은 전국의 권역별 자활지원센터에서 진행되고 있으나 수요에 비해 공급이 절대적으로 부족한 상황이며 또한 가정폭력, 성폭력피해자의 경우에는 취업, 기술교육 등을 지원하는 전달체계가 부재한 상황이다.

경제적 자활을 위한 교육과 취업지원인프라의 경우, 정부지원으로 직업훈련, 학원 등의 참여 기회가 제공되고 지역 내 유관 기관들도 다수 존재하지만, 개별서비스가 파편적으로 제공되고 있어 효과성 달성에 어려움이 있다. 본 사업은 개별적 자립서비스 제공에서 벗어나 폭력피해 여성들의 심리적, 사회적, 직업적 자립과 자활을 통합적으로 지원할 수 있는 전문지원시스템의 운영이라는 점에서 기존의 접근 방식과 차별성이 있다.

3) 신청기관의 강점

본 센터는 성매매피해여성들의 자활역량강화를 위한 재능나눔사업을 20××년에서부터 20××년까지 3차 년도에 걸쳐 진행하고 있다. 노인복지관, 장애인시설 등에서 발마사지 등 자신이 익힌 재능을 나누는 경험을 통해 자아존중감과 사회성을 향상할 수 있었다. 또한 재능나눔 사업 참여자의 평가를 통해, 다양한 직업체험의 기회 속에서 자기에게 맞는 취업모델을 발견하고 자활의지를 다질 수 있었으며, 직업에 맞는 전문기술을 습득할 수 있었다. 본 센터는 20××년부터 △△커피와 연계를 통해 취약계층 여성 자립을 위한 사회진출 지원 프로그램을 진행하고 있다. 바리스타 교육, 서비스 교육을 통해 참여자들의 사회진출을 위한 교육·실습 프로그램 진행 결과 자기효능감과 자존감이 향상된 것으로 평가되었으며, 나아가 실제 취업까지 연계된 성공 사례를 도출하였다. 이러한 성공 경험과 유사사업을 수행하며 형성된 자원 및 노하우를 토대로 본 사업도 성공적으로 수행할 수 있을 것이라 기대된다.

5. 목표 및 평가

1) 성과평가

성과목표	평가도구 및 방법	측정 시기
참여자 자립 역량 강화	• 성과지표 : 자아 존중감 30% 향상 • 평가도구 : 자아 존중감 척도 • 평가방법 : 참여자 대상 사전, 중간, 사후 설문 조사	사업 시행 전 중간(1차 년도 종료 시) 사후(3차 년도 종료 시)
	• 평가주체 : 사업 담당자 • 평가방법 : 참여자 인터뷰와 인턴십 참여 관찰을 통해 근로동기 향상 정도 확인	인터뷰(매년 12월) 참여 관찰(인턴십 진행 과정 중 월 1회)
통합자립지원 인턴십센터 모델 구축	• 성과지표 : 인턴십센터 순이익 전년대비 20% 증가 • 평가도구 : 인턴십센터 매입·매출 장부 • 평가방법 : 인턴십센터 연간 매입·매출 현황 분석	2차 년도 종료 시 3차 년도 종료 시
	• 평가주체 : 외부 평가 위원 • 평가방법 : 사업 참여를 통한 참여자의 취업 현황 및 자립 정도 확인	3차 년도 종료 시

2) 과정평가(선택)

평가대상 내용	평가방법	측정 시기
취업 연계 과정	• 평가주체 : 외부평가위원 • 평가방법 : 사업담당자 인터뷰 및 내부문서 검토	각 주요 단계별
직업 역량 강화 프로그램 추진 과정	• 평가주체 : 담당자 • 평가방법 : 프로그램 진행 시 참여하여 관찰/ 사업 담당자 및 중간관리자 인터뷰	참여관찰 : 매회기 인터뷰 : 프로그램 종료 후

6. 사업종료 후 지향점

1) 사업 수행으로 인한 기대 효과

참여자의 사회적 지지 체계 및 취업환경 마련 등의 다각적이고 통합적인 지원 체계 구축을 통해 사회 구성원으로 자립을 위한 필요한 심리사회적 역량강화는 물론 직업적 역량강화에 기여할 수 있을 것으로 기대된다.

2) 사업 결과의 활용 계획

본 사업의 종료 후 폭력 피해 여성을 포함한 취약계층 여성들에 대한 지역사회 내에서 직업적 훈련, 일에 대한 경험 축적 등이 체계적으로 지원될 수 있도록 네트워크를 확대하고 안정화하고자 한다. 나아가 통합적 접근의 중요성을 타 지역에 전파할 수 있도록 성과 연구 및 매뉴얼 작성을 실시하여 본 사업을 모델화할 계획이다.

3) 사업 지속 유지 전략

인턴십 센터의 수익 창출을 통해 향후 독립적인 운영을 도모하고자 한다. 이를 위해 경영진단을 실시하고 운영안정화를 위한 전문가컨설팅 및 모니터링과 평가를 추진할 계획이다. 또한 사회적 협동조합으로 전환하여 보다 안정적인 운영구조를 확립하고자 한다.

■ 성과확산형 연차별 [1차 년도] 사업계획서

1. **사업명** : 폭력피해여성의 자립지원을 위한 지역 연계형 인턴십 사업

2. **사업 내용 및 추진전략**

1) 사업 참여자 모집전략

(1) 참여 대상 및 인원

핵심참여자	○○시 내 폭력피해여성 20명
주변참여자	인턴십 참여기업(기관)

(2) 참여자 선정 기준

- 여성 지원 시설 등의 유관 기관 추천을 통해 접수된 참여자에 대해 개별 인터뷰 실시(참여 동기 및 자립 의지, 미취업 상태 등 확인)
- 인터뷰 내용을 토대로 기관 내부 회의를 통해 최종 선발

(3) 참여자 모집 방안

- ○○시 소재 여성 지원 시설에 사업 홍보 및 참여자 추천 의뢰 공문 발송
- 네트워크 기관 및 폭력 피해 여성 지원 시설 추천을 통해 참여자 접수

2) 사업내용 및 사업집행 전략

- 사업 내용

세부 사업명	활동(수행방법)
심리 정서 지원	• 사례관리 : 사업 담당자 개별 상담 및 전문 사례관리 위원회 운영/ 연 5회 • 자기 회복 프로그램 : 셀프이미지 컨설팅, 에너지 회복 전문 강사 초빙을 통한 1박 2일 프로그램 진행/ 연 2회
직업 역량 강화	• 진로 상담 : 진로상담 전문가와 상담을 통한 진로 설정/ 참여자별 2회 실시 • 분야별(바리스타/ 뷰티/ 공예) 기초·심화 기술 교육 - 커피 제조, 매장운영 등 실무 중심 아카데미 참여를 통한 기초 교육 실시 - 기초 교육은 직업 전문교육 기관에 의뢰하여 실시(3개월) - 심화 기술 교육은 지역 사회 내 매장에 연계하여 진행, 인턴십(3개월)을 포함 총 5개월
인턴십센터 설립	• 자문위원회 구성 및 운영 - 경영컨설팅, 상담 분야, 후원(모금) 교육 등 분야별 전문가 10명 내외 구성 - 사업 아이템 선정 및 실효성 강화 방안 모색/ 연 5회 이상 • 센터 운영기반 마련 - ○○공사 1층 유휴 공간 확보를 위한 ○○공사, ○○시 협의 지속 - 센터 운영 참여 기관 발굴

• 사업 진행 일정

주요 내용 \ 기간		1월	2월	3월	4월	5월	6월	7월	8월	9월	10월	11월	12월
참여자 선정		■	■										
심리정서지원	사례 위원회		■	■		■		■		■		■	
	자기회복 PG				■						■		
직업역량강화	진로상담			■	■								
	기초교육					■	■	■					
	심화교육								■	■	■	■	■
인턴십센터설립	자문위원회 운영			■	■	■		■		■		■	
	기반 마련						■	■	■	■	■	■	■

3) 기관 연계협력 전략

협력기관명	세부사업명	협력 계획	비고
○○공사	인턴십 센터 운영	인턴십 센터 운영을 위한 유휴 공간 지원	
△△커피	직업 역량 강화	바리스타 교육, 현장체험, 인턴십 연계	협약 체결 예정

3. 예산 편성

(단위 : 원)

목	세목	세세목	계	산출근거	예산조달 계획				
					신청금액	비율(%)	자부담	비율(%)	자부담재원
총 계			110,668,000		90,668,000	100	20,000,000	100	
인건비	전담인력	급여	21,300,000	2,130,000원 × 10월 × 1명	21,300,000				
		사회보험	1,700,000	170,000원 × 10월 × 1명	1,700,000				
	소 계		23,000,000		23,000,000	25.4			
사업비	심리정서지원	사례관리 위원회	8,820,000	사례회의비 및 진행비 300,000원 × 5회	1,500,000				
		자기회복 프로그램		강사비(2급강사, 2시간) 280,000원 × 2명 × 2회	1,120,000				
				프로그램 진행비 124,000원 × 25명 × 2회	6,200,000				
	직업역량강화	진로상담	52,128,000	전문 진로상담 50,000원 × 20명 × 2회	2,000,000				
		기초교육		분야별 아카데미 500,000원 × 20명 × 1회	10,000,000				
		심화교육		인턴십 급여 600,000원 × 20명 × 3개월	36,000,000				
				교육재료비 4,128,000원	4,128,000				
	인터십 센터설립	자문위원회	2,100,000	자문위원회 회의비 및 진행비 420,000원 × 5회	2,100,000				
		센터운영	20,000,000	센터임대보증금 20,000,000원 × 1회			20,000,000		
	소 계		83,048,000		63,048,000	69.5	20,000,000	100	
관리운영비	교 통 비	-	1,900,000	190,000원 × 10월	1,900,000				
	사무용품비	-	720,000	60,000원 × 12월	720,000				
	집기비품	-	2,000,000	노트북 2,000,000원 × 1식	2,000,000				
	소 계		4,620,000		4,620,000	5.1			

4. 목표 및 평가

1) 산출목표

세부사업명	산출목표	모니터링 방법
심리정서 지원	자기회복 프로그램 연 2회 실시	프로그램 계획서/ 결과보고 작성
직업 역량 강화	기초교육 탈락률 5% 미만	교육 일지/ 출석부 확인
	전문 진로상담 2회, 총 40회 실시	진로 상담 일지 확인
인턴십센터 설립	유휴공간 확보 1곳	임대차 계약서 작성

2) 성과목표 및 평가방법

성과목표	평가도구 및 방법	측정 시기
참여자 자립 역량 강화	• 성과지표 : 자아 존중감 10% 향상 • 평가도구 : 자아존중감 척도 • 평가방법 : 참여자 대상 사전, 사후 설문 조사	사업 시행 전 사후(1차 년도 종료 시)
	• 성과지표 : 각 분야/ 단계별 직업 교육 성취도 80% 달성 • 평가도구 : 이론, 실습 평가(초급 자격시험 기준) • 평가방법 : 교육 참여 후 성취도 측정	기초교육(8월) 심화교육(12월)
	• 평가주체 : 사업 담당자 • 평가방법 : 참여자 인터뷰와·인턴십 참여 관찰을 통해 근로동기 향상 정도 확인	인터뷰(12월) 참여 관찰(인턴십 진행 과정 중 월 1회

3) 과정평가(선택)

평가대상 내용	평가 방법	측정 시기
직업 역량 강화 프로그램 추진 과정	• 평가주체 : 담당자 • 평가방법 : 프로그램 진행 시 참여하여 관찰 사업담당자 및 중간관리자 인터뷰	• 참여관찰 : 매회기 • 인터뷰 : 프로그램 종료 후

■ 산출중심형 프로포절 작성예시(배분신청서, 기관현황 포함 5매 이내로 작성)

1. **사업명** : 독거어르신 밑반찬 배달을 통한 식생활 개선 사업 “은빛 영양지킴이”

2. **사업 필요성**

○○시는 도농복합지역으로 농업에 종사하는 가구가 많으며, 농촌 저소득 독거노인은 경제 능력이 매우 취약하여 생활고와 더불어 결식 문제가 심각한 수준에 이르고 있다. 또한 식사는 하더라도 다양한 반찬을 섭취하지 못하여 영양불균형이 오는 경우도 많다. 20××년 ○○시 보건소에서 관내 65세 이상 30명을 대상으로 식습관과 음식 섭취를 분석한 결과 탄수화물, 단백질 등의 에너지원 섭취량이 필요량에 비해 약 17.5% 부족한 것으로 나타났다. 이러한 노인의 영양 불균형은 각종 질병에 노출되기 쉬운 환경으로 이어지고 있다. 위와 같은 문제를 개선하고자 ○○노인복지관에서는 20△△년부터 무료 경로급식을 제공하고 있으나, 거동이 불편하거나 외부 활동이 적은 어르신은 서비스를 제공받지 못하는 한계점을 여전히 지니고 있다. 이에 본 복지관은 영양 밑반찬 배달을 통해 독거어르신의 식생활을 개선하고 건강 유지에 기여하고자 한다.

3. **사업 내용 및 추진방법**

1) 사업 참여자 및 인원
- 사업 참여자 : ○○시에 거주하는 독거어르신 30명
- 참여자 선정기준
  - ○○시 실태 조사를 통해 밑반찬을 제대로 드시지 못하는 어르신 가구 파악
  - 파악된 가구 중 신체적, 경제적으로 밑반찬 조리가 어렵다고 판단되는 대상을 선정
  - 지자체 등 타 기관 지원 여부 확인 후 기관 내 회의를 통해 결정
  - 참여자 의사를 반영하여 최종 확정

2) 사업내용 및 방법

• 사업내용

세부 사업명	활동 내용 (수행방법)	산출목표
밑반찬 제조	• 영양을 고려한 연간 식단 계획 수립(3찬 기준, 주 2회) • 위생용기 및 소모품은 사업 초기 일괄 구매하고, 밑반찬 재료는 제조 시 구매 • 기존 경로 급식 봉사자 및 복지관 조리 시설을 활용하여 밑반찬 제조	주 2회 밑반찬 3종 제조
밑반찬 배달 및 식생활 모니터링	• 제조된 밑반찬 3종을 매주 월, 목요일에 참여자에게 배달 • 기존 밑반찬은 상태를 확인하도록 하며, 부패 가능성이 있는 경우 회수	주 2회 30가구 밑반찬 배달 및 모니터링

• 추진일정

기간 / 주요 내용	1월	2월	3월	4월	5월	6월	7월	8월	9월	10월	11월	12월
참여자 선정	■	■										
식단 계획 수립/ 위생용기 등 구입		■										
밑반찬 제조/ 배달			■	■	■	■	■	■	■	■	■	■

4. 예산 편성

(단위 : 원)

목	세목	세세목	계	산출근거	예산조달 계획				
					신청금액	비율(%)	자부담	비율(%)	자부담 재원
총 계			14,146,000		11,946,000	84.4	2,200,000	15.6	
사업비	밑반찬 제 조	소모품 구 입	1,386,000	위생용기 150원 × 30명 × 3개 44주 × 2회	1,188,000	8.4			
				스티커 25원 × 30명 × 3개 44주 × 2회	198,000	1.4			
		식재료 구 입	10,560,000	4,000원 × 30명 × 44주 × 2회	10,560,000	74.6			
	밑반찬 배 달	주유비	2,200,000	50,000원 × 44주			2,200,000	15.6	자체 예산
	소 계		14,146,000		11,946,000	84.4	2,200,000	15.6	

■ 기능보강형(사업) 프로포절 작성예시(배분신청서, 기관현황 포함 5매 이내로 작성)

1. **사업명** : 지적장애인 거주시설의 주거환경 개선을 위한 방수공사 사업

2. **사업 필요성**

1) 주요 문제점

본 기관은 20××년부터 지적장애인 보호를 목적으로 거주시설을 운영하고 있으나, 노후한 시설로 인해 누수가 발생하여 곰팡이가 발생하는 등 거주 장애인들의 건강을 위협하고 있다. 더욱이 여름철 장마와 폭우가 이어지는 경우 누수 현상이 수습 불가할 정도로 심해져 건물 계단을 폐쇄하는 등 장애인과 직원의 안전문제로까지 이어지고 있다. 장마철이 시작되기 전 보수공사를 시급히 시행할 필요가 있으나, 본 기관의 운영비로 보수공사를 진행하기에는 예산이 부족하여 외부 지원이 절실한 상황이다.

2) 관련현황

1	현 시설 사진	
사진 1	사진2	사진3

3. **사업 내용**

1) 이용 대상 및 인원 : ○○기관 내 거주하는 지적장애인 25명

2) 세부 사업 내용

개보수 장소	개보수 내용
옥 상	·부식된 우레탄 제거 및 옥상 전체 방수 공사 진행
건물외벽	건물 외벽 균열 보수 작업 및 방수제 처리

3) 사업 진행 일정

내 용	일 정	비고(담당 등)
공사업체 입찰 및 선정	20**.03.15 ~ 04.20.	구매팀
계약 및 계약금 지급	20**.04.23. 예정	구매팀, 담당자
공사 시행	20**.04.25. ~ 06.24. (약 2개월)	업 체
검수 및 잔금 지급	20**.06.26.	구매팀, 담당자

4. 예산편성

(단위:원)

목	세목	계	산출근거	예산조달 계획				
				신청금액	비율(%)	자부담	비율(%)	자부담 재원
총 계		33,950,000		26,450,000	77.9	7,500,000	22.1	
사업비	보수 공사	7,500,000	옥상 방수 7,500,000원			7,500,000	22.1	외부지원(○○도)
		26,000,000	외벽 보수 및 방수 26,000,000원	26,000,000	76.6			
	폐기물 처리	450,000	산업폐기물 처리비용 450,000원	450,000	1.3			
	소 계	33,950,000		26,450,000	77.9	7,500,000	22.1	

5. 향후 운영 계획

누수 예방을 통해 거주 장애인의 안전하고 쾌적한 생활환경으로 개선될 것으로 기대되며, 특히 장마철 실내 생활의 불편함이 해소될 것으로 기대된다. 향후 정기적인 건물 안전 진단을 통해 누수 등의 문제를 사전에 예방할 수 있도록 조치할 계획이다.

부 록

1. 사회복지공동모금회
2. 삼성복지재단
3. 아산사회복지재단
4. KT&G 복지재단
5. 중부재단
6. 농어촌희망재단
7. 재단법인 바보의 나눔
8. 한국지엠한마음재단
9. 한국타이어나눔재단
10. KDB나눔재단

부록 1. 사회복지공동모금회(홈페이지 : http://www.chest.or.kr)

1. 지원대상

사회복지사업 기타 사회복지활동을 행하는 법인·기관·단체 및 시설 (개인 신고 시설 포함)

사회복지서비스를 필요로 하는 개인(사업별 세부사항 참조)

2. 지원내용

1) 신청사업 : 사회복지 증진을 위해 자유주제 공모형태로 신청받아 배분
2) 기획사업 : 모금회가 정하거나 배분대상자의 제안 중에서 선정하여 배분
3) 긴급지원사업 : 재난구호, 긴급구호, 저소득층에 대한 응급지원에 배분
4) 지정기타사업 : 기부금품을 배분 지역이나 지정 취지에 따라 배분

3. 배분사업 세부내용

구 분	배분규모	신청시기	프로포절 제출처
신청사업	3,000만 원 이하	매년 8월경	공동모금회 지 회
기획사업	별도지정	별도 공고	공동모금회 중 앙 회 / 지 회
긴급지원사업	별도지정	별도 공고	
지정기탁사업	별도지정	별도 공고	

4. 구비서류 - 1)~3)번 서류는 온라인으로 등록

1) 배분신청서 1부
2) 기관현황 1부(조직도, 운영위원회 명단)
3) 사업계획서 1부
   - 기능보강 시에는 물품견적서(1천만 원 초과 시 나라장터 견적서 필요)
4) 시설신고증, 고유번호증 또는 사업자등록증 사본 각 1부
5) 운영법인 등기부등본 1부(신규 신청 기관)

배분신청서

<table>
<tr><td>기 관 명</td><td colspan="4"></td><td>고유번호
(사업자등록번호)</td><td></td></tr>
<tr><td>사 업 명</td><td colspan="6"><대상+목적+방법 : 부제></td></tr>
<tr><td rowspan="3">사업
기본 정보</td><td>연차</td><td colspan="5">___① 1년차 ___② 2년차 ___③ 3년차 ___④ 기타( )</td></tr>
<tr><td>대상 지역</td><td colspan="2"></td><td>사업수행
인력</td><td colspan="2">명</td></tr>
<tr><td>사업 기간</td><td colspan="5">년 월 일 ~ 년 월 일 (총 개월)</td></tr>
<tr><td rowspan="2">사업
참여자</td><td>참여자 구분</td><td colspan="5">___① 아동·청소년 ___② 노인 ___③ 장애인 ___④ 여성/다문화
___⑤ 위기가정 ___⑥ 지역사회 ___⑦ 북한/해외/기타</td></tr>
<tr><td>핵심 참여자</td><td colspan="2"></td><td>인원수</td><td colspan="2">명</td></tr>
<tr><td>사업구분</td><td colspan="6">___① 기초생계 지원 ___② 교육/자립 지원 ___③ 주거/환경 개선 ___④ 보건/의료 지원
___⑤ 심리/정서 지원 ___⑥ 사회적 돌봄 강화 ___⑦ 소통과 참여 확대___⑧ 문화/격차 해소</td></tr>
<tr><td>성과목표</td><td colspan="6">해당사항이 없을 경우에는 공란으로 표기</td></tr>
<tr><td rowspan="4">주요
사업 내용</td><td>세부 사업명</td><td colspan="5">주요 내용</td></tr>
<tr><td></td><td colspan="5"></td></tr>
<tr><td></td><td colspan="5"></td></tr>
<tr><td></td><td colspan="5"></td></tr>
<tr><td>사 업 비</td><td>총 사업비</td><td colspan="2">원</td><td>신청금액</td><td colspan="2">원</td></tr>
<tr><td>신청금액
세부내역</td><td>사업비</td><td>천원
%</td><td>인건비</td><td>천원
%</td><td>관리
운영비</td><td>천원
%</td></tr>
<tr><td rowspan="2">담 당 자</td><td>성명</td><td></td><td>직통전화</td><td></td><td>E-mail</td><td>@</td></tr>
<tr><td>직위</td><td></td><td>휴대폰</td><td></td><td>FAX</td><td></td></tr>
</table>

위와 같이 20 년도 사업을 신청합니다.

20 년 월 일

기관대표자 : (인)

사회복지공동모금회장 귀하

신청기관 현황

<table>
<tr><td colspan="2">기 관 명</td><td colspan="3"></td><td colspan="2">대 표 자</td><td colspan="2"></td></tr>
<tr><td colspan="2">고유번호
(사업자등록번호)</td><td colspan="3"></td><td colspan="2">전화번호</td><td colspan="2"></td></tr>
<tr><td colspan="2">E-mail</td><td colspan="3"></td><td colspan="2">FAX</td><td colspan="2"></td></tr>
<tr><td colspan="2">홈페이지</td><td colspan="3"></td><td colspan="2">설립연월일</td><td colspan="2">년 월 일</td></tr>
<tr><td colspan="2">주 소</td><td colspan="7">□□□□□</td></tr>
<tr><td colspan="2" rowspan="2">직원 현황</td><td rowspan="2">총 명
(①+②)</td><td colspan="3">상근 (①)</td><td colspan="3">비상근 (②)</td></tr>
<tr><td colspan="3">명</td><td colspan="3">명</td></tr>
<tr><td rowspan="2">기관
주요
사업</td><td>구분</td><td colspan="7">__① 노인복지 __② 영유아/아동복지 __③ 장애인복지 __④ 노숙인복지
__⑤ 지역복지 __⑥ 정신보건 __⑦ 여성복지 __⑧ 가족복지
__⑨ 청소년복지 __⑩ 다문화지원 __⑪ 북한/해외지원 __⑫ 기타( )</td></tr>
<tr><td>내용</td><td colspan="7"></td></tr>
<tr><td rowspan="4">결산</td><td rowspan="2">세입</td><td>총 계</td><td>보조금수입</td><td>전입금</td><td>후원금수입</td><td>사업수입</td><td colspan="2">기타수입</td></tr>
<tr><td>천원</td><td>천원</td><td>천원</td><td>천원</td><td>천원</td><td colspan="2">천원</td></tr>
<tr><td rowspan="2">세출</td><td>총 계</td><td>인건비</td><td>관리운영비</td><td>사업비</td><td>재산조성비</td><td colspan="2">기타지출</td></tr>
<tr><td>천원</td><td>천원</td><td>천원</td><td>천원</td><td>천원</td><td colspan="2">천원</td></tr>
<tr><td rowspan="4">예산</td><td rowspan="2">세입</td><td>총 계</td><td>보조금수입</td><td>전입금</td><td>후원금수입</td><td>사업수입</td><td colspan="2">기타수입</td></tr>
<tr><td>천원</td><td>천원</td><td>천원</td><td>천원</td><td>천원</td><td colspan="2">천원</td></tr>
<tr><td rowspan="2">세출</td><td>총 계</td><td>인건비</td><td>관리운영비</td><td>사업비</td><td>재산조성비</td><td colspan="2">기타지출</td></tr>
<tr><td>천원</td><td>천원</td><td>천원</td><td>천원</td><td>천원</td><td colspan="2">천원</td></tr>
<tr><td rowspan="6">운영
법인
또는
단체</td><td>운영주체
성격</td><td colspan="7">__① 사회복지법인 __② 사단법인 __③ 종교법인 __④ 학교법인
__⑤ 재단법인 __⑥ 국가지방자치단체 __⑦ 임의단체 __⑧ 개인(신고)
__⑨ 법인(기타) __⑩ 단체(기타)( ) __⑪ 개인(기타) ( )</td></tr>
<tr><td>법인
(단체)명</td><td colspan="3"></td><td colspan="2">대 표 명</td><td colspan="2"></td></tr>
<tr><td>고유번호
(사업자
번호)</td><td colspan="3"></td><td colspan="2">전화번호</td><td colspan="2"></td></tr>
<tr><td>홈페이지</td><td colspan="3"></td><td colspan="2">설립연월일</td><td colspan="2">년 월 일</td></tr>
<tr><td>주소</td><td colspan="7">□□□□□</td></tr>
</table>

※ 신청기관 조직도, 운영위원회 및 운영법인 이사회 명단은 별첨자료로 첨부 요망

<성과중심형> 사업계획서

1. 사업명 : 　대상　　목적　　방법

• 대상, 목적, 방법과 관련된 정보를 담은 사업명을 적어주십시오.[슬로건은 부제(副題)로 병기해주세요]

2. 사업 내용 및 추진 전략

1) 사업 참여자 모집 전략

(1) 참여 대상 및 인원

핵심 참여자	
주변 참여자	

• 누가 이 사업에 참여합니까?

- **(핵심 참여자)** 성과를 측정하게 되는 대상은 누구이며, 인원은 몇 명입니까?
(이 사업에 참여하게 함으로써 누구의 변화를 이끌어 내려고 하는 것입니까?)
- **(주변 참여자)** 성과측정 대상은 아니지만 핵심 참여자의 변화를 이끌어 내는 데 중요한 역할을 하는 사람은 누구이며, 인원은 몇 명입니까?

(2) 참여자 선정 기준

• 어떤 기준을 세워서 참여자를 모집하게 됩니까?

(3) 참여자 모집 방안

• 기준에 적합한 참여자를 어떻게 모집할 예정입니까?

2) 사업 내용 및 사업 집행 전략

• 아래 내용을 모두 포괄하되, 자유롭게 (질문순서에 상관없이) 표현해 주시기 바랍니다.

- 전체 사업을 몇 개의 세부 사업으로 분류한다면 어떻게 구성될 수 있습니까?
- 사업을 어떻게 추진할 것인지에 대하여 세부 사업별 시행방법, 시행 시기 및 횟수, 사업 진행 일정 등 구체적인 정보를 담아서 기술해 주시기 바랍니다.

3) 기관 연계협력 전략

• 위의 사업 집행 전략과 관련하여, 지역사회 내(또는 그 범위를 넘어서) 어떤 기관들과 유기적인 협조관계를 가질 것인지에 대하여 아래 내용을 포함하여 기술해 주시기 바랍니다.

- 협력 기관이 세부사업에서 어떤 역할을 담당하게 되는지, 그때 신청기관의 역할은 무엇인지, 이러한 협력체계는 어떤 절차를 통해 진행되는지 등

3. 예산 편성

(단위 : 원)

목	세목	세세목	계	산출근거	예산조달 계획				
					신청금액	비율(%)	자부담	비율(%)	자부담재원
총 계									
인건비									
	소 계								
사업비									
	소 계								
관리운영비									
	소 계								

- 사업에 직접 투입되는 비용을 인건비, 사업비, 관리운영비로 구분하여 작성해 주시기 바랍니다.
  - **(인건비)** 해당사업을 직접적으로 수행하는 인력에게 투입되는 비용
  - **(사업비)** 프로그램 수행에 필요한 직접비용
  - **(관리운영비)** 프로그램의 수행에 필요한 간접비용(사업관리에 필요한 비용)
  - 예산 수립 시 예산편성기준표를 참고하여 주시기 바랍니다.
- 세목은 세부 사업별로 구분하고 단위가 큰 경우 세세목으로 구분하여 작성하시기 바랍니다.
- 산출근거는 실제 단가, 수량, 인원수, 건수, 횟수 등을 구체적으로 기록해 주시기 바랍니다.

4. 문제 의식(사업 필요성)

1) 사업 계획 배경

- 왜 이 사업을 기획하게 되었습니까?
  - 귀 기관이 관심을 가지기 전에는 어떤 상태에 있었는지, 인근 다른 지역에도 유사한 상황이 있다면 어떻게 대응하고 있는지에 대해서도 서술해 주시기 바랍니다.

2) 기존 유사사업과의 차별성

- 기존의 시각이나 접근방식과 다른 점은 무엇입니까?

3) 신청기관의 강점

- 이 사업을 신청기관에서 수행해야 하는 이유에 대해 사전조사 내용, 관련 분야 수행 경험 등을 포함하여 기재해 주시기 바랍니다.

5. 목표 및 평가

1) 산출목표

세부 사업명	산출목표	모니터링 방법

- 성과목표를 달성하기 위해 이끌어 내야 하고 모니터링해야 하는 산출목표는 무엇입니까?

2) 성과목표 및 평가 방법

성과목표	평가 도구 및 방법	측정 시기

- **(성과목표)** 성과목표와 관련하여 아래 내용들에 대해 작성해 주시기 바랍니다.
  - 핵심 참여자의 어떤 부분을 어느 수준까지 변화시키는 것입니까?
  - 작성하고자 하는 성과목표가 이후에 기술되는 평가 방법을 통해 달성 여부를 알 수 있게 됩니까?
  - (성과라고 강조하고 싶은데) 양적으로 드러내기(수치화하기) 어려운 성과목표가 있다면 무엇입니까?
  - 앞서 기술하신 사업내용과 성과목표를 논리적으로 연결하여 작성해 주십시오.
- **(평가 도구 및 방법/ 측정 시기)** 성과목표 달성 여부와 정도를 어떻게 평가하실 건가요?
  - 성과목표 달성 여부와 정도를 판단하기 위해 어떤 성과지표를 설정하실 건가요?
  - 제시된 성과목표에 대한 평가계획(자료수집방법, 측정시기 등)은 어떠한가요?
  - 수치화하기 어려운 성과목표가 있다면 어떤 평가방법을 통해 변화의 수준과 의미를 드러내실 건가요?

6. 사업종료 후 지향점

1) 사업 수행으로 인한 기대 효과

- 이 사업이 성공적으로 수행된다면 기대되는 효과는 무엇입니까?

2) 사업 결과의 활용 계획

- 사업의 효과로 나타난 결과를 어떻게 활용할 계획입니까?
- 사업 결과를 통해 유사기관이나 지역사회에 꼭 알리고 싶은 이야기가 있다면 무엇입니까?

<성과확산형> 3개년 사업계획서

1. 사업명 : ____대상____ ____목적____ ____방법____

- 대상, 목적, 방법과 관련된 정보를 담은 사업명을 적어주십시오.[슬로건은 부제(副題)로 병기해주세요]

2. 사업 내용 및 추진 전략

1) 사업 참여 대상 및 인원

구분	1차 년도	2차 년도	3차 년도
핵심 참여자			
주변 참여자			

- 누가 이 사업에 참여합니까? 연차별 핵심 참여자와 주변 참여자를 상호 관련성 있게 작성하시기 바랍니다.
  - (핵심 참여자) 성과를 측정하게 되는 대상은 누구이며, 인원은 몇 명입니까? (이 사업에 참여하게 함으로써 누구의 변화를 이끌어 내려고 하는 것입니까?)
  - (주변 참여자) 성과측정 대상은 아니지만 핵심 참여자의 변화를 이끌어 내는 데 중요한 역할을 하는 사람은 누구이며, 인원은 몇 명입니까?

※ 『시스템 구축』, 『지역사회 수준변화』 등과 같이 "사람"의 변화에 일차적인 초점이 있지 않은 경우가 있을 수 있습니다. 이런 때에는 사업 참여자에 대한 기술 내용 및 방식이 달라질 수 있을 것이므로 사업내용에 따라 적절하게 기술해 주시기 바랍니다.

2) 연차별 사업내용

1차 년도	
특징	
핵심 내용	
2차 년도	
특징	
핵심 내용	
3차 년도	
특징	
핵심 내용	

- (특징) 각 연차별 인과 관계 등을 포함하여 연차별 특징(주요 초점)에 대해 제시하여 주십시오.
- (핵심내용) 연차별 주요 사업 등 핵심내용을 작성하여 주십시오.

3) 기관 연계협력 전략

- 위의 사업 내용과 관련하여, 지역사회 내(또는 그 범위를 넘어서) 어떤 기관들과 유기적인 협조관계를 가질 것인지에 대하여 아래 내용을 포함하여 기술해 주시기 바랍니다.
  - 협력 기관이 세부 사업에서 어떤 역할을 담당하게 되는지, 그때 신청기관의 역할은 무엇인지, 이러한 협력체계는 어떤 절차를 통해 진행되는지 등
- 연차별 네트워크의 확대 혹은 축소가 있는 경우 변화에 대한 확인이 가능하도록 기재

3. 예산 편성

(단위 : 천 원)

구분	1차 년도			2차 년도			3차 년도		
목	세목	신청금액	자부담	세목	신청금액	자부담	세목	신청금액	자부담
총 계				총 계			총 계		
인건비									
	소 계			소 계			소 계		
사업비									
	소 계			소 계			소 계		
관리운영비									
	소 계			소 계			소 계		

- 사업에 직접 투입되는 예산 내 주요 세목(세부 사업별)의 금액과 비중이 사업 연차별로 어느 정도 차지하는지에 대해 작성해 주시기 바랍니다.

4. 문제 의식(사업 필요성)

1) 사업 계획 배경

- 왜 이 사업을 기획하게 되었습니까?
  - 귀 기관이 관심을 가지기 전에는 어떤 상태에 있었는지, 인근 다른 지역에도 유사한 상황이 있다면 어떻게 대응하고 있는지에 대해서도 서술해 주시기 바랍니다.

2) 기존 유사사업과의 차별성

- 기존의 시각이나 접근방식과 다른 점은 무엇입니까?

3) 신청기관의 강점

- 이 사업을 신청기관에서 수행해야 하는 이유에 대해 사전조사 내용, 관련분야 수행 경험 등을 포함하여 기재해 주시기 바랍니다.

5. 목표 및 평가

1) 성과평가

성과목표	평가 도구 및 방법	측정 시기

- **(성과목표)** 3년 뒤 핵심 참여자의 어떤 부분을 어느 수준까지 변화시킬 목표를 가지고 있습니까?
  - 성과목표가 "사람"이 아닌 경우에는 그와 관련되는 성과목표를 제시하여 주십시오.
  - (성과라고 강조하고 싶은데) 양적으로 드러내기(수치화하기) 어려운 성과목표가 있다면 무엇입니까?
  - 앞서 기술하신 사업내용과 성과목표를 논리적으로 연결하여 작성해 주십시오.
- **(평가 도구 및 방법/ 측정 시기)** 성과목표 달성 여부와 정도를 어떻게 평가하실 건가요?
  - 성과목표 달성 여부와 정도를 판단하기 위해 어떤 성과지표를 설정하실 건가요?
  - 제시된 성과목표에 대한 평가계획(자료수집방법 등을 포함)은 어떠한가요?
  - 달성된 성과가 사업참여자에게 (나아가서는 지역사회에) 주는 의미를 어떻게 드러내실 계획입니까?

2) 과정평가(선택)

평가대상 내용	평가방법	측정 시기

- '어떤 과정을 통해 성과를 거두게 되었는지'에 대한 내용을 어떻게 보여주시겠습니까?

6. 사업종료 후 지향점

1) 사업 수행으로 인한 기대 효과

- 이 사업이 성공적으로 수행된다면 기대되는 효과는 무엇입니까?

2) 사업 결과의 활용 계획

- 사업의 효과로 나타난 결과를 어떻게 활용할 계획입니까?
- 사업 결과를 통해 유사기관이나 지역사회에 꼭 알리고 싶은 이야기가 있다면 무엇입니까?

3) 사업 지속 유지 전략

- 모금회로부터 이 사업 소요예산에 대한 지원이 종료된 후 후속적인 사업추진을 위한 재원 마련 등의 전략은 무엇입니까?
- 후속 사업 추진을 구현하기 위한 노력을 각 연도별로 어떻게 반영하였습니까?

<성과확산형> 연차별(1차 년도) 사업계획서

1. 사업명 : ______대상______ ______목적______ ______방법______

- 3개년 사업계획서와 동일한 사업명을 적어주십시오.

2. 사업 내용 및 추진 전략

1) 사업 참여자 모집 전략

(1) 참여 대상 및 인원

핵심 참여자	
주변 참여자	

- 1차 년도에는 누가 이 사업에 참여합니까?
  - **(핵심 참여자)** 성과를 측정하게 되는 대상은 누구이며, 인원은 몇 명입니까?
    (이 사업에 참여하게 함으로써 누구의 변화를 이끌어 내려고 하는 것입니까?)
  - **(주변 참여자)** 성과측정 대상은 아니지만 핵심 참여자의 변화를 이끌어 내는 데 중요한 역할을 하는 사람은 누구이며, 인원은 몇 명입니까?

(2) 참여자 선정 기준

- 어떤 기준을 세워서 참여자를 모집하게 됩니까?

(3) 참여자 모집 방안

- 기준에 적합한 참여자를 어떻게 모집할 예정입니까? 그 방법이 적합하다고 생각하는 이유가 무엇입니까?

2) 사업내용 및 사업 집행 전략

- 아래 내용을 모두 포괄하되, 자유롭게 (질문순서에 상관없이) 표현해 주시기 바랍니다.
  - 1차 년도 사업을 몇 개의 세부 사업으로 분류한다면 어떻게 구성될 수 있습니까?
  - 3개년 사업계획서에 기반하여 1차 년도 사업을 어떻게 추진할 것인지에 대하여 세부 사업별 시행방법, 시행 시기 및 횟수, 사업 진행 일정 등 구체적인 정보를 담아서 기술해 주시기 바랍니다.

3) 기관 연계협력 전략

- 위의 사업 집행 전략과 관련하여, 지역사회 내(또는 그 범위를 넘어서) 어떤 기관들과 유기적인 협조관계를 가질 것인지에 대해 아래 내용을 포함하여 기술해 주시기 바랍니다.
  - 협력 기관이 세부 사업에서 어떤 역할을 담당하게 되는지, 그때 신청기관의 역할은 무엇인지, 이러한 협력체계는 어떤 절차를 통해 진행되는지 등

3. 예산편성

(단위 : 원)

목	세목	세세목	계	산출근거	예산조달 계획				
					신청금액	비율(%)	자부담	비율(%)	자부담재원
총 계									
인건비									
	소 계								
사업비									
	소 계								
관리운영비									
	소 계								

- 1차 년도 사업에 직접 투입되는 비용을 인건비, 사업비, 관리운영비로 구분하여 작성해 주시기 바랍니다.
  - (**인건비**) 해당사업을 직접적으로 수행하는 인력에게 투입되는 비용
  - (**사업비**) 프로그램 수행에 필요한 직접비용
  - (**관리운영비**) 프로그램의 수행에 필요한 간접비용(사업관리에 필요한 비용)
  - 예산 수립 시 예산편성기준표를 참고하여 주시기 바랍니다.
- 세목은 세부 사업별로 구분하고 단위가 큰 경우 세세목으로 구분하여 작성하시기 바랍니다.
- 산출근거는 실제 단가, 수량, 인원수, 건수, 횟수 등을 구체적으로 기록해 주시기 바랍니다.

4. 목표 및 평가

1) 산출목표

세부 사업명	산출목표	모니터링 방법

- 성과목표를 달성하기 위해 이끌어 내야 하고 모니터링해야 하는 산출목표는 무엇입니까?

2) 성과목표 및 평가 방법

성과목표	평가 도구 및 방법	측정 시기

- (성과목표) (3차 년도에 달성할 성과목표가 아니라) 1차 년도 사업을 추진함으로써 달성하려고 하는 중간 목표 성격의 성과목표는 무엇입니까?
  - 앞서 기술하신 1차 년도 사업 내용과 성과목표를 논리적으로 연결하여 작성해 주십시오.
  - (성과라고 강조하고 싶은데) 양적으로 드러내기(수치화하기) 어려운 성과목표도 포함하여 작성해 주시기 바랍니다.
- (평가 도구 및 방법/ 측정 시기) 성과목표 달성 여부와 정도를 어떻게 평가하실 건가요?
  - 성과목표 달성 여부와 정도를 판단하기 위해 어떤 성과지표를 설정하실 건가요?
  - 제시된 성과목표에 대한 평가계획(자료수집방법 등을 포함)은 어떠한가요?
  - 수치화하기 어려운 성과목표가 있다면 어떤 평가방법을 통해 변화의 수준과 의미를 드러내실 건가요?

3) 과정평가(선택)

평가대상 내용	평가방법	측정 시기

- 1차 년도 사업에서 '어떤 과정을 통해 성과를 거두게 되었는지'에 대한 내용을 어떻게 보여주시겠습니까?

<산출중심형> 사업계획서

1. 사업명

• 대상, 목적, 방법과 관련된 정보를 담은 사업명을 적어주십시오.[슬로건은 부제(副題)로 병기해주세요]

2. 사업 필요성

• 수행하려는 사업내용과 관련하여 지금 직면해 있는 현실적인 어려움은 무엇입니까?

• 무엇을 해소 또는 완화하려는 것입니까?

3. 사업 내용 및 추진방법

1) 사업 참여자 및 인원

• 참여자는 누구이며, 몇 명입니까?

• 어떤 기준을 세워서 참여자를 결정하게 됩니까?

2) 사업내용 및 방법

세부 사업명	활동 내용(수행방법)	산출목표

• **(세부 사업명)** 전체 사업을 몇 개의 세부 사업으로 분류한다면 어떻게 구성될 수 있습니까?

• **(활동 내용)** 사업을 어떻게 추진할 것인지에 대하여 세부 사업별 시행방법, 시행 시기 및 횟수, 사업 진행 일정 등의 정보를 담아서 기술해 주시기 바랍니다.

• **(산출목표)** 사업 시행의 결과로 발생하는 산출물은 무엇입니까?

4. 예산편성

(단위 : 원)

목	세목	세세목	계	산출근거	예산조달 계획				
					신청금액	비율(%)	자부담	비율(%)	자부담재원
총 계									
인건비									
	소 계								
사업비									
	소 계								
관리운영비									
	소 계								

- 사업에 직접 투입되는 비용을 인건비, 사업비, 관리운영비로 구분하여 작성해 주시기 바랍니다.
  - **(인건비)** 해당사업을 직접적으로 수행하는 인력에게 투입되는 비용
  - **(사업비)** 프로그램 수행에 필요한 직접비용
  - **(관리운영비)** 프로그램의 수행에 필요한 간접비용(사업관리에 필요한 비용)
  - 예산 수립 시 예산편성기준표를 참고하여 주시기 바랍니다.
- 세목은 세부 사업별로 구분하고 단위가 큰 경우 세세목으로 구분하여 작성하시기 바랍니다.
- 산출근거는 실제 단가, 수량, 인원수, 건수, 횟수 등을 구체적으로 기록해 주시기 바랍니다.

<기능보강> 사업계획서

1. 사업명 : ＿대상＿ ＿목적＿ ＿방법＿

- 대상, 목적, 방법과 관련된 정보를 담은 사업명을 적어주십시오.[슬로건은 부제(副題)로 병기해주세요]

2. 지원 필요성

1) 주요 문제점

- 현재 어떤 어려움에 직면해 있습니까? 어떤 문제 때문에 기능보강을 신청하는지 설명해 주시기 바랍니다.
- 지원받지 못하면 어떤 상황이 벌어집니까?

2) 관련 현황(해당 사항만 기재)

〈장비〉

1	장비 교체 지원의 경우 기존 장비 사진	
전면사진	후면사진	측면(좌)사진

〈개보수〉

1	시설개보수의 경우 현 시설 사진	
사진1	사진2	사진3

〈자동차(기 보유차량 관련 정보)〉

차종	연식	배기량	좌석수	현재 사용용도	지원주체
	년	CC	명		*자체구입*
					경북모금회

- 앞서 기술한 어려움과 관련한 현황에 대해 작성해 주시기 바랍니다.
  - 장비, 개보수, 자동차 중 해당 사항만 기재하며, 관련 사진 첨부

3. 사업 내용

1) 이용 대상 및 인원

- 본 사업을 통해 생활이 개선되거나 수행할 사업에 참여하게 되는 이용자는 누구이며, 인원은 몇 명입니까?

2) 세부 사업 내용(해당 사항만 기재)

〈장비구입〉

구입 장비명	용도	사용횟수 (또는 시간)	사용연한	구입수량	사용장소

1	구입하고자 하는 장비사진 등 첨부	
전면사진1	전면사진2	전면사진3

〈개보수〉

개보수 장소	개보수 내용

〈자동차 구입〉

차종	연식	배기량	좌석수	예상가액	비고
	년	CC	명	천원	

- 진행하고자 하는 사업 내용은 무엇입니까?
  - 장비, 개보수, 자동차 중 해당 사항만 기재
- 구매/ 계약 방법 참고
  - 1천만 원 이하 물품제조·구매 시 1인 견적서
  - 1천만 원 초과 2천만 원 이하 물품제조 시 1인 견적서
  - 1천만 원 초과 2천만 원 이하 물품구매 시 나라장터 전자견적서

3) 사업 진행 일정

- 추진 내용별 일정을 기재하여 주시기 바랍니다.

4. 예산편성

(단위 : 원)

목	세목	세세목	계	산출근거	예산조달 계획				
					신청금액	비율(%)	자부담	비율(%)	자부담재원
총 계									
인건비									
	소 계								
사업비									
	소 계								
관리운영비									
	소 계								

- 사업에 직접 투입되는 비용을 사업비, 관리운영비로 구분하여 작성해 주시기 바랍니다.
  - **(사업비)** 사업 수행에 필요한 직접비용
  - **(관리운영비)** 사업 수행에 필요한 간접비용(사업관리에 필요한 비용)
  - 예산 수립 시 예산편성기준표를 참고하여 주시기 바랍니다.
- 세목은 세부 사업별로 구분하고 단위가 큰 경우 세세목으로 구분하여 작성하시기 바랍니다.
- 산출근거는 실제 단가, 수량, 인원수, 건수, 횟수 등을 구체적으로 기록해 주시기 바랍니다.

5. 향후 운영 계획

- 장비구입, 개보수 또는 자동차구입을 통해 향후 어떤 사업을 수행하고자 하는지 작성해 주시기 바랍니다.
  - 동 기능보강사업에 따른 장비나, 개보수 내용이나 구입한 자동차가 어떻게 활용될 것인지에 대해 사후관리 및 유지보수 계획을 포함하여 작성해 주시기 바랍니다.

사회복지공동모금회 예산편성기준표

<table>
<tr><th colspan="2">항 목</th><th>기 준</th><th>사용한도</th><th>비 고</th></tr>
<tr><td rowspan="8">강
사
비</td><td>특별
강사</td><td>• 전/ 현직 장/ 차관(급) 이상
• 전/ 현직 대학총장(급)
• 전/ 현직 국회의원
• 대기업 총수(회장) 또는 국영기업체장
• 기타 이에 준하는 사회저명인사로 모금회가 인정하는 자</td><td>• 1시간 280,000원
• 초과 매시간당 120,000원</td><td rowspan="10">* 유급의 내부직원에게는 지급 불가
(동일법인이라도 사업장 위치가 다르고 독립회계를 하는 타 기관의 직원인 경우에는 지급 가능)

* 강의에 필요한 교재의 원고료, 강사의 교통비(실비)는 필요사유에 따라 별도 지급 가능</td></tr>
<tr><td>1급
강사</td><td>• 대학 조교수 이상, 전문대학 부교수 이상
• 인간문화재, 유명예술인 및 종교인
• 정부출연 연구기관장
• 기업/ 기관 등의 책임급 연구원, 중역
• 판/ 검사, 변호사 등 전문자격증 소지자
• 전·현직 3급 이상 공무원 및 박사학위를 소지한 전·현직 4/ 5급 공무원
• 사회복지 기관·시설장
• 기타 모금회가 인정하는 자</td><td>• 시간 200,000원
• 초과 매시간당 120,000원</td></tr>
<tr><td>2급
강사</td><td>• 대학 전임강사 및 전문대학 조교수
• 전·현직 4/ 5급 공무원
• 중소기업체 임원급
• 기업·기관·단체의 부장급
• 체육, 레크리에이션 등 전문강사
• 인간문화재·유명예술인 등 보조출연자
• 통계이론, SAS, SPSS 등의 전문가
• 박사학위소지자
• 특별강사, 일반 1급 및 일반 3급을 제외한 자
• 사회복지 기관·시설 중간관리자로서 관련분야 석사 이상 학위를 소지한 자
• 기타 모금회가 인정하는 자</td><td>• 1시간 180,000원
• 초과 매시간당 100,000원</td></tr>
<tr><td>3급
강사</td><td>• 전·현직 6급 이하 공무원
• 전임 이외의 외래시간 강사
• 외국어/ 전산 등 학원강사
• 사회복지 기관·시설 중간관리자로서 관련분야 석사학위가 없는 자
• 기타 모금회가 인정하는 자</td><td>• 1시간 150,000원
• 초과 매시간당 80,000원</td></tr>
<tr><td>보조
강사</td><td>• 각종 실기실습 보조요원</td><td>• 1시간 50,000원
• 초과 매시간당 30,000원</td></tr>
<tr><td rowspan="3">다
수
인

출
강</td><td>• 2시간 이하</td><td>• 5인 이하 27.5만 원
• 6~10인 40만 원
• 11인 이상 55만 원</td></tr>
<tr><td>• 2시간 초과</td><td>• 5인 이하 35만 원
• 6~10인 50만 원
• 11인 이상 70만 원</td></tr>
<tr></tr>
<tr><td colspan="2" rowspan="2">회의참석비</td><td>• 2시간 이하</td><td>• 100,000원</td></tr>
<tr><td>• 2시간 초과 시(1일 1회에 한함)</td><td>• 130,000원</td></tr>
</table>

<table>
<tr><td>단순인건비</td><td colspan="2">•1인/1일(1일 8시간 기준/ 중식비 포함)
※ 월 60시간, 1개월 이상 근무 시 4대보험 가입 필수</td><td>•단순인건비 67,740원
(중식비 7,500원 포함)
•주휴수당 60,240원
※ 2019년 최저임금에 따라 변경</td><td rowspan="2"></td></tr>
<tr><td>원고료</td><td colspan="2">•A4용지 1매 기준
– 글자크기 13p, 줄간격 160%, 상하여백 15, 좌우여백 25, 머리말·꼬리말 15, 또는 300단어
– 파워포인트로 작성한 경우에는 슬라이드 3면을 A4 1면으로 산정
– 원고지로 작성한 경우에는 200자 원고지 3.5매를 A4 1면으로 산정</td><td>•12,000원
* 시간당 6매까지만 인정 최대 30만 원까지 지원</td></tr>
<tr><td rowspan="6">출장여비</td><td colspan="2">•시내여비</td><td>•실비</td><td rowspan="6">* 일비, 식비는 해당 시·도를 벗어나는 출장에 적용
* 특별시와 광역시를 포함한 동일시와 군 및 섬(제주특별자치도 제외) 밖으로의 출장이며, 왕복 거리가 12km 이상인 출장에 대해 시외출장 적용. 단, 육로 120km(왕복) 또는 수로 60km(왕복) 미만의 출장에 있어서는 일비의 전액과 식비의 3분의 1만을 지급
* 기관차량 이용 시 일비의 2분의 1만을 지급</td></tr>
<tr><td rowspan="5">•시외여비</td><td>교통비
(KTX일반, 고속버스, 전세버스 등)</td><td>•실비</td></tr>
<tr><td>일비(1인 1일)</td><td>•20,000원</td></tr>
<tr><td>식비(1인 1일)</td><td>•25,000원</td></tr>
<tr><td>숙박비(1인 1실)</td><td>•실비(상한액 40,000원)</td></tr>
<tr></tr>
<tr><td>워크숍</td><td colspan="2">•1인 기준</td><td>•70,000원(1박2일 기준)
•숙박일수 추가 시 추가되는 일수당 기준단가 적용</td><td>* 진행비(교통비, 대관료 등) 실비 적용하여 별도 편성
* 사용한도 초과가 불가피한 경우, 모금회의 사전 승인 필요</td></tr>
<tr><td>식사비</td><td colspan="2">•1인 기준</td><td>•10,000원</td><td></td></tr>
<tr><td>다과비</td><td colspan="2">•1인 기준</td><td>•5,000원</td><td></td></tr>
<tr><td rowspan="4">자문비</td><td colspan="2">•2시간 이하</td><td>•1회 100,000원</td><td rowspan="4">* 수퍼비전기록 필히 비치
* 내부직원 지급 불가
* 시외의 경우, 교통비 실비지급 가능
* 1일 상한액 20만 원</td></tr>
<tr><td colspan="2">•2시간 초과</td><td>•1회 130,000원</td></tr>
<tr><td colspan="2">•e-mail 자문(유선포함)</td><td>•20,000원(1회당)</td></tr>
<tr><td colspan="3">•공통사항 : 자문내용 기본 form
A4 용지 80columns x 20lines 글씨크기 13point
문단간격 160%, 상하 여백 15, 좌우 여백 25</td></tr>
<tr><td>번역료</td><td colspan="3">•한국외대 통역번역센터 요율표 기준
(매해 발표되는 기준 참조, 시행시점 가장 최근 자료 이용)
※ 단, 전문기관 등에게 의뢰하여 작성된 원고 및 통·번역자료에 대해서는 별도 계약에 따라 지급할 수 있다.</td><td></td></tr>
</table>

부록 2. 삼성복지재단

(홈페이지 : www.samsungfoundation.org/html/welfare/love/intro.asp)

1. 지원대상

사회복지법인 및 비영리 법인, 단체 또는 개인이 운영하는 사회복지시설(사회복지사업법에 근거한 신고 시설)

사회복지사업을 행하는 민간 비영리 법인 및 단체

사회복지사업법에 근거하여 신고하지는 않았으나 사회복지사업을 행하거나 시설을 운영하는 개인 및 단체(어린이집, 보육정보센터 등 포함)

2. 지원내용

사회복지 현장의 프로그램이면 지원 신청이 가능하며, 프로그램의 성공적인 수행과 운영의 전문성 향상을 지원하기 위해 운영자문교수제도를 시행

3. 지원절차

1) 서류심사 : 사업핵심개요, 필요성, 목적, 목표, 내용 - 8월경
2) 현장심사 : 9~10월경
3) 최종심사(지원대상 후보군 심사) : 11월경
4) 사업계획서 보완
5) 중간평가 및 사업추진
6) 사업평가
7) 사업보고서 작성, 제출

4. 신청방법

삼성복지재단 홈페이지에서 온라인 서류 작성(일반 서류 접수는 받지 않음)

5. 제출처

삼성복지재단 공익사업팀(welfare@samsung.com)

20□□년 사회복지 프로그램 개발 지원 신청서

사업 개요

<table>
<tr><td rowspan="2">신청 기관</td><td>기관명</td><td colspan="2"></td><td>기관장</td><td></td><td>기관 종류1)</td><td></td></tr>
<tr><td>소재지</td><td colspan="6"></td></tr>
<tr><td>사업명</td><td colspan="7"></td></tr>
<tr><td>사업 분야2)</td><td colspan="7"></td></tr>
<tr><td>유사 사업 경험</td><td colspan="7">(있음, 없음) / (있다면)</td></tr>
<tr><td rowspan="2">사업 목적</td><td colspan="7"></td></tr>
<tr><td colspan="7"></td></tr>
<tr><td rowspan="2">서비스 대상</td><td>주된 참여자</td><td colspan="6"></td></tr>
<tr><td>관련 참여자</td><td colspan="6"></td></tr>
<tr><td rowspan="3">성과 목표</td><td colspan="7">1.</td></tr>
<tr><td colspan="7">2.</td></tr>
<tr><td colspan="7">3.</td></tr>
<tr><td rowspan="9">참여 직원3)</td><td>주 담당자</td><td>소속팀(과)</td><td></td><td>직책</td><td></td><td>성명</td><td></td></tr>
<tr><td rowspan="2">사회복지 근무 경력 년</td><td rowspan="2">현 직장 근무 경력 년</td><td rowspan="2"></td><td rowspan="2">소지 자격증 년</td><td rowspan="2"></td><td>휴대폰</td><td></td></tr>
<tr><td>이메일</td><td></td></tr>
<tr><td colspan="7">전문성4)</td></tr>
<tr><td>부 담당자</td><td>소속팀(과)</td><td></td><td>직책</td><td></td><td>성명</td><td></td></tr>
<tr><td rowspan="2">사회복지 근무 경력 년</td><td rowspan="2">현 직장 근무 경력 년</td><td rowspan="2"></td><td rowspan="2">소지 자격증 년</td><td rowspan="2"></td><td>휴대폰</td><td></td></tr>
<tr><td>이메일</td><td></td></tr>
<tr><td colspan="7"></td></tr>
<tr><td colspan="7"></td></tr>
<tr><td rowspan="4">세부 프로그램</td><td>프로그램명</td><td colspan="4">주요 내용</td><td colspan="2">성과 목표 번호5)</td></tr>
<tr><td></td><td colspan="4"></td><td colspan="2"></td></tr>
<tr><td></td><td colspan="4"></td><td colspan="2"></td></tr>
<tr><td></td><td colspan="4"></td><td colspan="2"></td></tr>
<tr><td>예산</td><td>총 사업비</td><td>천원</td><td>신청 금액</td><td>천원</td><td>자부담</td><td colspan="2">천원</td></tr>
</table>

1) 기관 종류는 법상 분류되어 있는 시설의 종류(시설신고증에 나타나 있는 시설 종류)
2) 사업 분야는 ① 사회복지 일반, ② 노인 복지, ③ 아동 복지, ④ 장애인 복지, ⑤ 부랑·노숙인 복지, 결핵·한센 복지, ⑥ 정신보건, ⑦ 농어촌 보건복지, ⑧ 모부자 복지, ⑨ 영유아 복지, ⑩ 다문화 복지, ⑪ 특수 폭력 피해자 복지, ⑫ 기타 중 해당 분야를 기재
3) 참여 직원은 실제 이 프로그램을 책임지고 있는 담당자와 직접적으로 프로그램 진행을 도와주는(때로는 한정적으로 책임을 맡는) 조력자에 국한하며, 여러 조언을 아끼지 않는 관(원)장이나 사무국장은 제외
4) 이 프로그램을 담당하는 데 적합한 경험, 지식 또는 의지가 있음을 나타낼 수 있는 근거
5) 상기의 관련되는 성과 목표의 해당 번호를 기재

사업 신청서

사업명 :

1. 사업 핵심 개요[6)]

2. 사업의 필요성

문제의 심각성 (우리 사회)	
기관 소재 지역사회 실정	

6) 5~6줄 내외로 누구에 대해, 어떤 관점에서, 어떻게 함으로써, 어떤 효과를 거두고자 사업을 수행하는지, 그리고 달성하고자 하는 목적이 무엇인지를 간단하게 기술

3. 선행 경험

선행 프로그램 고찰	
유사 프로그램 시행 경험	
보유 전문성[7]	

4. 사업 목적

7) 선행 프로그램도 없고 유사 프로그램 수행 경험도 없는 경우에 작성하는 것으로서 신청 프로그램을 수행하는 데 기관 또는 작성자가 어필할 수 있는 보유 전문성을 기재

5. 대상자 범위 및 선정 방법

대상자 범위	개념적 범위	
	기관 이용자	
대상자 구분	주된 참여자	
	주변 참여자	
보유 전문성	홍보 전략	
	접수·상담	
	선정 기준	1. 2. 3.
	애로 시 대처 방안	

6. 지향 가치 및 방향

하위 개념 1	
하위 개념 2	
하위 개념 3	

7. 사업 목표

총괄 진술

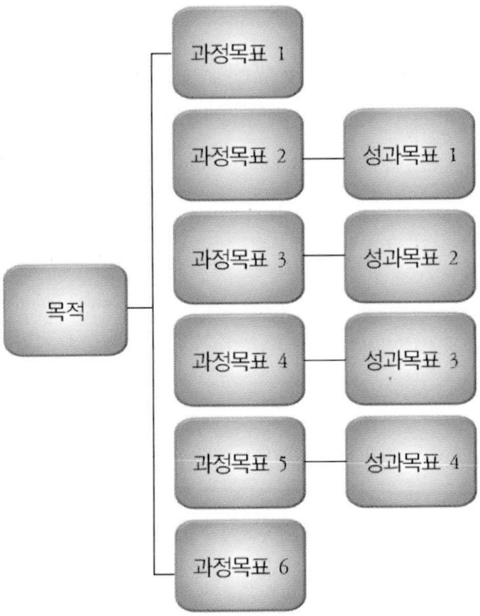
목적
과정목표 1
과정목표 2
성과목표 1
과정목표 3
성과목표 2
과정목표 4
성과목표 3
과정목표 5
성과목표 4
과정목표 6

8. 사업 내용

(1) 성과목표로부터 도출되는 세부 프로그램

<성과목표, 프로그램명, 세부 활동 및 부대 내용[8]>

성과목표	세부 프로그램	세부 프로그램 내용	요구되는 핵심 역량	외부지원 필요내용	시작 시기	시행 횟수	대상 자수
성과목표 1	프로그램 1	세부활동 1					
		세부활동 2					
		세부활동 3					
	프로그램 2	세부활동 4					
		세부활동 5					
		세부활동 6					
성과목표 2	프로그램 3	세부활동 7					
		세부활동 8					
		세부활동 9					
	프로그램 4	세부활동 10					
		세부활동 11					
		세부활동 12					

8) 다른 성과 목표를 달성하는 데 주력하는 프로그램과도 연결될 수 있음을 보여주기 위해서 작성하는 것임. 만약 성과목표 1과 프로그램 3, 세부활동 9가 연관이 있다면 선으로 연결하여 제시하면 됨

(2) 세부 프로그램의 구현 방식 및 선정 사유

종 류	구현 방식	선정 사유 (타 대안과의 비교 검토 포함)
프로그램 1		
프로그램 2		
프로그램 3		

(3) 추진 일정

분 류	1월	2월	3월	4월	5월	6월	7월	8월	9월	10월	11월	12월
세부 프로그램												
세부 프로그램												
세부 프로그램												
세부 프로그램												

9. 네트워크 구성[9)]

(1) 신청 기관 중심의 네트워크(그림으로 표현하시오)

(2) 2~3개 기관 컨소시엄 구성(그림으로 표현하시오/ 선택사항)

9) 네트워크 구성은 신청 기관 중심 또는 2~3개 기관 컨소시엄 구성 중 해당 사항을 기재

10. 평가방법

〈양적 평가〉

성과목표	목표에 대한 평가방법			
	성과지표	자료원	자료 수집 방법 (측정 도구 · 방법)	자료 수집 시기
1.				
2.				
3.				
4.				

〈질적 평가〉

연구 질문	패러다임	자료 수집 방법	자료원	자료 수집 시기
1.				
2.				
3.				

11. 편성 예산

(단위 : 천 원, 산출 내역 제외)

항 목	산출 근거			
	산출 내역	삼성 신청분	기관 배합 자금	조달방법
총 계				

부록 3. 아산사회복지재단

(홈페이지 : www.asanfoundation.or.kr/af/main.do)

1. 지원대상

- 사회복지사업을 하고 있는 사회복지법인·사회복지기관
- 사회복지사업이 주 목적인 비영리민간단체
- 취약계층 50% 이상을 고용한 인증 사회적기업·사회적협동조합
- 위의 기관을 중심으로 한 컨소시엄

2. 지원내용(사업기간 : 2019년 7월~2020년 6월 1년간)

지원부문	지원한도	선 정 기관수	비 고
중점지원사업 • 소외 아동·청소년 지원사업 • 발달장애 지원사업	1억 원	 10 12	* 발달장애 지원사업은 3년차 진행사업에 한함
취약계층 자립 공동체 네트워크 지원 농어촌 노인복지·건강관리 통합지원	3천만 원 3천만 원 2천만 원	15 15 15	
SOS 복지지원	위기 상황에 따라 상이		* 연중 상시 접수 및 지원

3. 제출서류 및 접수 방법

1) 제출서류

- 사업계획 초안, 사업자등록증(고유번호증), 법인등록증(또는 기관신고증)

2) 접수방법 : 온라인 접수(접수기간 중 지원신청)

welfare.asanfoundation.or.kr/welfare/program/index/index_social.jsp

4. 제출처(문의처)

아산사회복지재단 복지사업팀 02)3010-2583(asanwelfare@amc.seoul.kr)

세부사업계획(2차 제출서류, 신규사업)

□ 단체명 : □ 소재지 :

□ 대표명 :

□ 단체의 주요사업 :

□ 신청부문 : 소외 아동·청소년 지원사업

□ 사 업 명 : (사업지역 :)

□ 사업연차 : ■ 1년차 □ 2년차 □ 3년차

□ 사업기간 :

□ 사업참여자

- 핵심 참여자 : (명)
- 주변 참여자 :

□ 사업요약

□ 사업예산(총사업비 : A+B) =

- 아산재단 신청(A) :
- 단체 자부담(B) :

위와 같이 2019년 아산재단 지원사업에 신청합니다.

2019년 월 일

대표 : (인)

아산사회복지재단 귀중

■ 신청단체 현황

• 기본정보

<table>
<tr><td>단체명</td><td colspan="3"></td><td>대표명</td><td></td></tr>
<tr><td>고유번호
(사업자등록번호)</td><td colspan="3"></td><td>설립연월</td><td></td></tr>
<tr><td>홈페이지</td><td colspan="5"></td></tr>
<tr><td>주 소</td><td colspan="5"></td></tr>
<tr><td>기관유형</td><td colspan="5"></td></tr>
<tr><td>직원현황</td><td>총 명</td><td>상근</td><td>명</td><td>비상근</td><td>명</td></tr>
<tr><td>주요 연혁</td><td colspan="5"></td></tr>
<tr><td>주요 사업</td><td colspan="5"></td></tr>
<tr><td>담당자명</td><td></td><td>직위</td><td></td><td>사무실 전화</td><td></td></tr>
<tr><td rowspan="2">경력</td><td colspan="3" rowspan="2">년 개월</td><td>휴대폰</td><td></td></tr>
<tr><td>E-mail</td><td></td></tr>
</table>

• 재정현황

(단위 : 천 원)

수 입					지 출				
항 목	전년도 결산		금년도 계획		항 목	전년도 결산		금년도 계획	
	금액	비율	금액	비율		금액	비율	금액	비율
정부보조금					인건비				
민간기관지원					사업비				
후원금					관리운영비				
사업수익금					재산조성비				
기 타					기 타				
계		100		100	계		100		100

• 수행경험(최근 2년간 주요 사업수행 현황)

(단위 : 천 원)

연 도	지원단체명	사 업 명	지원금액

사업계획 내용

□ 사 업 명 :

□ 사업참여자

* 핵심참여자 : / 명

* 주변참여자 :

* 사업참여자 선정기준

* 사업참여자 모집방안

□ 사업수행내용

□ 사업의 필요성

* 본 사업을 기획하게 된 이유

* 기존 유사사업과의 차별점

* 본 신청단체가 이 사업을 수행해야 하는 이유, 지역사회 연계 계획

□ 최종 사업성과물

* 무엇을 사업성과물로 정할 것인지

□ 출구전략 및 향후 계획

* 본 사업이 성공적으로 수행된다면 기대효과는 무엇인지

* 사업결과물의 활용계획과 사업종료 후 계획

□ 홍보계획

□ 사업수행인력

<table>
<tr><th>구 분</th><th>성 명</th><th>직 위</th><th>역 할</th><th>전문경력</th></tr>
<tr><td rowspan="2">주 담당</td><td></td><td></td><td></td><td></td></tr>
<tr><td></td><td></td><td></td><td></td></tr>
<tr><td rowspan="2">부 담당</td><td></td><td></td><td></td><td></td></tr>
<tr><td></td><td></td><td></td><td></td></tr>
</table>

□ 사업예산

(단위 : 원)

항 목		사업예산			신청금액 산출근거
		총사업비	신청금액	자부담	
	소계				
	소계				
	소계				
합 계					

부록 4. KT&G 복지재단(홈페이지 : www.ktngwelfare.org)

1. 지원대상

사회복지사업 운영기관(개인운영기관 및 미인가 시설 제외)

재가복지사업 및 직접적인 사회복지서비스 투입에 우선하여 지원

2. 지원내용

사회복지사업 수행에 필요한 경승용차(배기량 1,000cc 미만) : 100대 지원

3. 지원한도 : 신청 기관당 1대 한정 지원

4. 구비서류(제출서류 미 첨부 시 신청불가) : 공문별도 첨부하지 않아도 됨

1) 지원신청서 및 사업계획서 1부
2) 법인설립허가증 사본 1부
   - 운영주체가 비영리 민간단체인 경우 민간단체 설립 허가증 또는 신고증
3) 시설설치허가증 또는 신고증 사본 1부
   - 시설설치허가증이 없는 경우 위탁공문 등 근거 서류 첨부
4) 고유번호증 또는 사업자등록증 사본 1부
5) 기관 보유 차량이 명시된 비품대장, 차량등록증 사본 각 1부
   - 보유차량이 없을 경우 제출 불필요
   - 비품대장이 없는 경우 차량만 새로 작성하여 제출(형식은 일반 비품대장에 준함)
6) 단체소개자료(리플렛) 1부

5. 신청 및 접수방법

1) 신청 및 접수기간 : 매년 6월경
2) 접수처 : KT&G복지재단 사무국 차량지원담당

6. 선정기준

1) KT&G복지재단으로부터 5년 이내 또는 타 재단으로부터 3년 이내 차량 지원받은 기관은 우선순위에서 배제
2) 설립한 지 1년 미만인 기관은 우선순위에서 배제
3) 2015년기 이후 차량 3대 초과 보유기관은 우선순위에서 배제

사회복지기관 차량 공모사업 지원신청서

접수번호 :

신청 기관	기 관 명		대 표 자	
	구 분	□생활시설 □이용시설		
		□노인 □아동 □장애인 □여성 □지역사회복지관 □노인복지관 □장애인복지관 □시민, 사회단체 □다문화 □기타		
	주 소	□□□□□		
	전화, Fax	Tel :) Fax :)	설립년월일	
	담 당 자	이름 :	전 화	H.P)
			E-mail	
운영 주체	법 인 명		대 표 자	
	법인형태	□사회복지법인 □재단법인 □학교법인 □사단법인 □기타		
	주 소	□□□□□		
	전화, Fax	Tel :) Fax :)	설립년월일	

KT&G복지재단의 20 년 사회복지기관 차량 공모 사업에 지원 신청합니다.

20 년 월 일

대표자 : (직인)

※ 구비서류

1. 지원신청서 및 사업계획서 1부(하단 양식에 의거)
2. 법인설립허가증(민간단체 설립 허가증 또는 신고증) 사본 1부
3. 시설설치허가증(또는 신고증) 사본 1부
4. 고유번호증(또는 사업자등록증) 사본 1부
5. 보유 차량에 관한 비품대장, 차량등록증 사본 각 1부
6. 단체소개자료(리플렛) 1부(없을 경우 제출 불필요)

※ 공문 별도로 첨부하지 않아도 됨

사회복지법인 KT&G복지재단 귀중

사 업 계 획 서

1. 신청기관 현황

(1) 기관의 설립목적 및 연혁

(2) 조직 및 직원현황

(3) 기관 이용자 및 수용자 현황

(4) 주요 사업내용

(5) 예산 및 결산현황

(단위 : 천 원)

수 입			지 출		
구 분	내 역		구 분	내 역	
	20 년 결산	20 년 예산		20 년 결산	20 년 예산
정부보조금			인 건 비		
법인보조금			사 업 비		
후 원 금			시설운영비		
사업수입금			재산형성비		
기 타			기 타		
계			계		

(6) 외부지원금 수혜현황(최근 3년간 : 년 기준)

(단위 : 천 원)

연도	지원기관 (재단 및 다른기관 포함)	지원사업명 (차량 지원사업 포함)	지원금액

2. 운영법인의 산하 기관 현황

구 분	기관명	주소지	비고

3. 신청사업 내용

(1) 필요성

(2) 사업 대상

(3) 사업내용 및 차량 수행 내용

용 도	사용 주기·시간	비 고

(4) 기대효과

(5) 차량 보유 현황

차종 (차명)	용 도	수량	연식	상태 (상·중·하)	비고 (산하 기관명)

※ 신청기관의 차량 보유에 관한 비품대장, 차량등록증 사본 필히 첨부

- 보유 차량이 없을 경우 제출 불필요
- '차량' 비품대장이 없는 경우 신규 작성하여 제출(6개월 이내)

★ 현재 보유 차량 모두 기입

- 같은 주소지 내 운영 법인 산하 기관의 보유 차량 모두 기입

예 지역사회복지관 내 재가복지봉사센터, 주단기보호센터, 가정봉사원파견센터, 어린이집 등 부설 기관의 보유 차량 모두 기입

(6) 신청기관의 약도

대중교통편 기록 및 주변의 큰 건물을 중심으로 자세하게 표시

부록 5. 중부재단(홈페이지 : www.jbfoundation.or.kr)

❑ 마음쉼표 – 사회복지실무자 정서지지지원사업

1. 지원대상 : 프로그램에 적극적으로 참여할 의지가 있는 사회복지사
2. 지원내용 : 심리·정서지지 프로그램 지원
3. 지원시기 : 연 2회(상·하반기)
4. 진행절차 : 사업공고 – 서류심사 – 최종선정 – 프로그램 진행

❑ 비전장학금 – 사회복지실무자 대학원비지원사업

1. 지원대상
   - 비전장학금 Ⅰ. 일과 학업을 병행하는 사회복지사로서 사회복지 관련 대학원 재학생 및 진학 예정자
   - 비전장학금 Ⅱ. 사회복지학과에 재학 중인 탈북대학원생
2. 지원내용 : 대학원 등록금 지원(연속지원)
3. 지원시기 : 매년 7월
4. 진행절차 : 사업공고 – 1차 서류심사 – 2차 면접 심사 – 최종결과 발표

❑ 이:룸 – 사회복지실무자 지식공유네크워크

1. 지원대상 : 최소 3개 기관 실무자로 구성된 팀
2. 지원내용 : 스터디 모임 운영비 지원
3. 지원시기 : 매년 3월
4. 진행절차 : 사업공고 – 서류심사 – 최종결과 발표 – 스터디 모임 진행

사회복지사를 위한 긍정심리기반 EAP프로그램

“SPRING“

1. 신청자 개요

<table>
<tr><td rowspan="9">신청자</td><td>성 명</td><td></td><td>나 이</td><td>세</td><td>성 별</td><td></td></tr>
<tr><td>주소(자택)</td><td colspan="5">(새 우편번호:) * 상세주소 입력</td></tr>
<tr><td>핸드폰</td><td colspan="2"></td><td>E-Mail</td><td colspan="2"></td></tr>
<tr><td>기관명</td><td></td><td>소 속</td><td></td><td>직 위</td><td></td></tr>
<tr><td>현 기관
근무경력</td><td colspan="2">년 개월</td><td>총 근무경력</td><td colspan="2">년 개월</td></tr>
<tr><td rowspan="2">학 력</td><td colspan="3">학 교 명</td><td colspan="2">학 과</td></tr>
<tr><td colspan="3"></td><td colspan="2"></td></tr>
<tr><td>상담경험</td><td>□ 유</td><td>□ 무</td><td>사회복지사
자격증</td><td colspan="2">급</td></tr>
</table>

2. 자기소개서

3. SPRING 프로그램 신청사유

4. SPRING 프로그램을 통해 얻고자 하는 바

위와 같이 사회복지법인 중부재단 "SPRING"을 신청합니다.

20 년 월 일

성 명 : (인)

부록 6. 농어촌희망재단(홈페이지 : www.rhof.or.kr/intro_index.do)

❑ 농촌 교육·문화·복지 지원사업

1. 지원대상 : 농촌 면단위 이내 주민 공동체
2. 지원내용 : 면단위 이내 공동체의 교육 문화 복지 프로그램 운영비
3. 지원규모 : 연간 27억 원, 200개소 지원(개소당 500~2,500만 원)
4. 신청방법 : 공동체 구성원 중 법인단체 또는 협력전문기관이 온라인 신청
5. 운영기간 : 매년 1월부터 11월 말까지

❑ 농번기 주말돌봄방 지원사업

1. 지원대상 : 농번기 주말돌봄방을 운영 및 관리할 수 있는 능력을 갖춘 법인, 단체
2. 지원내용 : 돌봄방 운영을 위한 시설 리모델링비, 사업 운영비
3. 지원규모 : 연간 2.45억 원, 19개소 지원(개소당 12~32백만 원)
4. 신청방법 : 지자체, 농협복지부서, 여성농업인센터협의회에서 추천, 온라인 신청
5. 운영기간 : 매년 2월부터 11월(기간 중 4개월 선택 운영)

부록 7. 재단법인 바보의 나눔(홈페이지 : www.babo.or.kr)

1. 지원대상

국내·외 가난하고 소외된 이들을 위한 공익활동의 증진과 사랑의 공동체 활성화 활동을 행하는 법인·기관·단체 및 시설(시설을 운영하는 개인을 포함)

2. 지원내용

영역	분야	세부분야		지원한도
공모사업	해외	해외지역공동체개발사업		종합검토
	국내	소규모 단체 지원사업	단년(1년)	최대 1천만 원 이하
			다년(최대 3년)	최대 2천만 원 이하
			특화(1년)	최대 2천만 원 이하
		공익활동 지원사업		종합검토
기획공모	기획사업	사각지대 이주민 지원사업		종합검토
		청년의 미래 지원사업		종합검토
		보호처분 소년 지원사업		종합검토
		자살시도환자 지원사업		최대 3억 원 이하
		근로빈곤(비정규직)여성 가장 긴급생계비 지원사업		개인별 4백만 원 이하
-	파트너단체	나눔 공유화 지원사업		종합검토

3. 신청 및 접수방법

1) 신청 및 접수기간 : 매년 7월경, 온라인 접수 후 서류 우편제출

2) 접수처 : 바보의 나눔 나눔사업본부 babonanum@babo.or.kr

3) 제출서류 : 공문, 배분사업신청서, 고유번호증, 개인정보수집이용제공 동의서

부록 8. 한국지엠한마음재단(홈페이지 : www.gmkorea-foundation.or.kr)

1. 지원대상

- 사회복지사업 기타 사회복지활동을 행하는 기관 및 시설(개인 신고시설 포함, 미신고시설 제외) 중 제시된 일자 이전에 설립 (허가) 완료된 비영리 기관·시설·단체
- 공고일 기준 최근 5년간 사회복지공동모금회 및 기타 지원단체로부터 차량지원을 받지 못한 기관

2. 지원내용 : 사례관리 사업에 필요한 경차 30대 지원

3. 지원한도 : 신청 기관당 1대 한정 지원

4. 구비서류

운영법인 있는 경우	1. 시설신고증 사본 1부 2. 고유번호증 또는 사업자등록증 사본 1부 3. 법인등기부등본[분사무소 포함 사본 1부(발급일로부터 3개월 이내)] ※ 분사무소에 관한 사항에 기관명이 기록되어 있지 않은 경우, 법인과 기관과의 관계를 증명할 수 있는 서류 제출 시 인정 (예 위수탁계약서, 법인회의록, 법인 발급서류 등)
운영법인 없는 경우	1. 시설신고증 사본 1부 2. 고유번호증 또는 사업자등록증 사본 1부 ※ 시설신고증은 없지만 정부에서 신고시설로 인정하고 있음을 증명할 서류 제출 시 인정 (예 비영리민간단체등록증, 시설허가증 등)

5. 신청 및 접수방법

1) 신청 및 접수기간 : 매년 11월경/ 온라인시스템으로만 신청

2) 문의처 : 인천사회복지공동모금회 배분사업팀(T. 032-456-3327)

6. 유의사항

1) 신청기관 명의 차량 3대 이상 보유 시 우선순위에서 배제

2) 지원 후 5년간 매년 사업보고서 제출 필수

부록 9. 한국타이어나눔재단
(홈페이지 : www.hankooktirefoundation.or.kr)

❑ 차량지원

1. 지원대상 : 이동에 어려움을 겪고 있는 전국의 사회복지기관
2. 지원내용 : 경차 1대 현물지원(차량등록비용/ 랩핑비용 등)
3. 지원규모 : 매년 50대
4. 지원시기 : 매년 3월(공모)~5월(지원)
5. 운전자 안전교육 실시(지원 후 6~7월)
6. 우수이용기관 인센티브(매년 10~11월) - 차량 관련 물품 및 비용 지원

❑ 타이어 나눔

1. 지원대상 : 업무용 승합차(9~15인승) 또는 경차를 보유하고 있는 사회복지관
2. 지원내용 : 타이어 4개, 휠 얼라이먼트 및 차량안전 관련 경정비(오일 등)
3. 지원규모 : 매년 600개 기관 내외
4. 지원시기 : 매년 9월(공모)~11월(지원)

❑ 틔움버스

구 분	지원대상	지원내용	지원규모	지원시기
일반지원	버스를 활용하여 문화, 역사, 전통, 생태, 교육 등의 체험을 계획하는 사회복지기관	45인승 버스 1대 지원 (1일 또는 1박 2일)	연간 350대	매년 월간 지원 (3~12월)
테마지원	버스를 활용하여 연중 동일한 테마로 문화, 역사, 전통, 생태, 교육 등의 체험을 계획하는 사회복지기관	- 기관별 연간 500만 원 이내(4회 버스운행, 4회 프로그램비) 45인승 버스 1대	20개 기관	매년 공모(2~3월) 지원(4~12월)

부록10. KDB나눔재단(홈페이지 : foundation.kdb.co.kr/df/simple|sp.do)

1. 지원대상

- (예비) 사회적기업
- 공고일 기준 최근 3년 내 동일사업으로 타 기업의 지원을 받지 않은 기업

2. 지원내용

- 사업비 및 경영개선자금, 교육활동비 지원(최대 30,000,000원 이내)
  - 시설비(장비구입, 시설보강), 사업개발비(기술개발, 제품성능, 품질개선), 연구개발비, 종사자 역량강화 교육 활동비
- 기업의 지속가능성을 위한 전문가 멘토링, 네트워크 형성 등 사후관리

3. 구비서류

1) 신청서 6부
2) 사업계획서 6부
3) 최근 2년의 재무상태표 및 손익계산서 6부
4) 사회적기업 인증서 또는 예비사회적기업 지정서 (사본) 1부
5) 사업자등록증 또는 고유번호증 (사본) 1부
6) 법인등기부등본 또는 비영리민간단체등록증 (사본) 1부
7) 국세 및 지방세 완납증명서, 4대보험 납부 확인서 (원본) 1부
8) 대표자 이력서 1부
9) 개인정보수집이용 동의서 1부

4. 신청 및 접수방법

1) 신청 및 접수기간 : 매년 7월경/ 제반 서류 우편접수
   - 사회적기업활성화 지원센터 사무국(서울시 마포구 잔다리로 68 4층, ㊜04031)
2) 문의처
   - 사회적기업활성화 지원센터 사무국(02-333-4252/ knse2011@naver.com)
   - 한국사회적기업진흥원 자원연계팀(031-697-7846)

참고문헌

공호근(2013). 기획력개발의 실제. 명경사.

금천시니어클럽(2019). 2019년도 초기투자비 지원사업 공모 신청서. 금천시니어클럽.

김교정 외(2008). 배분사업에 있어서 논리모델과 성과측정에 대한 연구, 사회복지공동모금회.

김동립 외(20011). 프로그램 논리모형의 개념과 유형화에 관한 소고, 한국정책학회보, 20(1), 한국정책학회.

김영숙·김 욱·엄기욱·오만록·정태신(2002). 사회복지 프로그램 개발과 평가. 교육과학사.

김예랑(2016). 사회복지 프로그램 개발과 평가. 창지사.

김은기(2017). 쓸모없는 아이디어는 없다. 전파과학사.

김종명·구제관·김성철·김재원·신기원·윤춘모(2012). 사회복지 프로그램 개발과 평가. 양서원.

김희성 외 (2018) NCS기반 사회복지행정론. 공동체.

노병일(2016). 사회복지정책론. 공동체.

농어촌희망재단(2018). 2019년도 농촌 교육, 문화, 복지 지원사업 안내. 농어촌희망재단.

문수열·김 병·이창희·정정란·정창훈(2013). 사회복지 프로그램 개발과 평가. 정민사.

바보의 나눔(2018). 2019년도 공모배분사업 안내. 재단법인 바보의 나눔.

박경일·박승기·조수경·오승환·진 아·김안나(2016). 사회복지프로그램 개발과 평가. 양성원.

보건복지부(2019). 사회복지법인 및 사회복지시설 재무·회계 규칙. 법제처 국가법령정보센터.

사회복지공동모금회(2017). 2016년 사회복지공동모금회 배분사례집. 사회복지공동모금회.

________________(2018). 2017년 사회복지공동모금회 배분사례집. 사회복지공동모금회.

_______________(2018). 2019년 사회복지공동모금회 배분안내. 사회복지공동모금회

삼성복지재단(2012). 사회복지프로그램 개발지원 기획 매뉴얼. 삼성복지재단.

__________(2016). 작은나눔 큰사랑 우수사례집. 삼성복지재단.

__________(2017). 작은나눔 큰사랑 우수사례집. 삼성복지재단.

서울복지재단(2008). 사회복지시설 회계업무매뉴얼. 서울복지재단.

신덕상 · 서문진희 · 권정언(2014). 사회복지 프로그램 개발과 프로포절 작성의 실제. 동문사.

아산복지재단(2019). 2019년도 사회복지 공모사업 안내. 아산복지재단.

우수명(2018). 사회복지 프로그램 개발과 평가. 지식공동체.

이민홍 · 정병오(2012). 사회복지 프로그램 개발과 평가. 나눔의집.

이철수(2006). 사회복지학 소사전. 높이깊이.

이철수 외(2008). 사회복지학 사전. 도서출판 비상.

정무성(2008). 사회복지 프로그램 개발과 평가. 학현사.

_____(2017). 사회복지 프로그램 개발과 평가. 정민사.

중부재단(2018). 2018년 사회복지사지원사업 공모 안내. 중부재단.

지은구 · 장현숙 · 정 효(2012). 프로그램 평가와 로직모델. 학지사.

최병광(2017). 당신의 운명을 바꾸는 아이디어 사냥. 세종미디어.

통계청(2019). 국가통계포털. http://kosis.kr/easyViewStatis/visualizationIndex.do.

한국노인인력개발원(2019). 노인일자리 및 사회활동 지원사업 운영 안내. 보건복지부.

한국지엠한마음재단(2018). 사회적기업 차량지원사업 공모사업 안내. 한국지엠한마음재단.

한국타이어나눔재단(2018). 한국타이어나눔재단 공모사업 안내. 한국타이어나눔재단.

황성철(2013). 사회복지프로그램 개발과 평가. 공동체.

황성철 · 정무성 · 강철희 · 최재성(2003). 사회복지행정론. 현학사.

KDB나눔재단(2017). KDB 사회적기업 지원사업 공모 안내. KDB나눔재단.

KT&G복지재단(2018), 사회복지기관 차량지원 공모 안내. KT&G복지재단.

OECD(2019). OECD통계자료. https://stats.oecd.org.

Sheldon, D. R.(1996). *Achieve Accountability in Business and Government : Managing for Efficiency, Effectiveness, and Economy*. Wesport, CT Quorum Books.

United Way of America(1996). *Measuring Program Outcomes : A Practical Approach.* Arlington, VA : United Way of America.

W. K. Kellogg Foundation(2000). *Logic Model Development Guide*. Bettle Creek, MI : W. K. Kellogg Foundation.

찾아보기

인명

정무성 / 13

Baker / 13

Cohen / 29
Compton / 30

Dror / 49

Etzioni / 28

Freeman / 64

Galaway / 30
Gilbert / 27

Holis / 32

Joseph Wholey / 76

Lebeaux / 17
Lindbloom / 28

March / 29
Minahan / 30, 39

Papell / 33
Patti / 13
Perlman / 30
Pincus / 30, 39
Poertner / 13

Rapp / 13
Richmond / 32
Rossi / 64
Rothman / 34
Royse / 13
Russell Kurt / 35

Specht / 27
Swiss / 59

Tomas / 32

Wilensky / 17

내용

간트 차트(Gantt chart) / 177
강점관점모델 / 40

개별개입모델 / 31
과정목표 / 143
과정평가 / 24
과제중심모델 / 33
그랜트 / 157
기능주의 / 30
기술적 접근방법 / 27
기획 / 15

델파이(Delphi) 기법 / 21

로직모델 / 76, 81

명목집단기법(NGT) / 20
목적 / 139
목표 / 140
목표 지향적 접근방법 / 23
목표의 위계화 / 143
문제 해결 중심 기획 / 53
문제 확인 및 사업 필요성 / 103
민간재원 / 158

반응적 접근방법 / 24
법률 책무성 / 65
변화매개체계 / 40
브레인스토밍(brain storming) / 20

사회 · 정치적 접근방법 / 28
사회계획모델 / 36
사회복지 / 11
사회복지 프로그램 기획 / 15, 49
사회적 목표모델 / 34
사회행동모델 / 37
산출 / 45, 75
상위목표 / 142
상호작용 모델 / 34
생태체계이론 / 41
서비스 전달 책무성 / 65
성과 / 45, 57, 75
성과목표 / 143
성과측정 / 57
세부목표 / 140
실험적 접근방법 / 23
심리사회모델 / 32
쓰레기통모델 / 29

영향 책무성 / 65
예산수립 / 155
욕구중심기획 / 53
위기개입모델 / 33
위험집단 / 131
의사결정 중심적 접근방법 / 23
이념 / 65
이용자 지향적 접근방법 / 23
일반집단 / 129
임파워먼트모델 / 38

자원 활용 중심 기획 / 53
재정 책무성 / 65
적용대상 책무성 / 64
전통적 서비스 프로그램 모델 / 81
전환 / 45, 74
점증모델 / 29
정부로부터 비용의 상환 / 158

정부보조금 / 156
정부와의 계약 / 157
정부재원 / 156
정책 / 13
좋은 프로그램 / 88
주변 참여자 / 136
지역사회개발모델 / 36
지역사회조직개입모델 / 35
진단주의 / 30
집단개입모델 / 33

참여 기획 / 54
책무성 / 63
체계이론 / 73
총괄평가 / 24
총체적 품질관리(TQM) / 59
치료적 모델 / 34

클라이언트 집단 / 132
클라이언트체계 / 40

투입 / 45, 74

평가 / 21
평가 및 향후 계획 / 164
표적집단 / 131
표적체계 / 40
품질 측정 / 59

프로그램 / 13
프로그램 개발 / 19
프로그램 기획단계 / 55
프로그램 평가 / 21
프로그램 평가검토기법(PERT) / 20
프로그램 활동 내용 구성 / 146
프로그램명 선정 / 93
프로젝트 / 13
프로포절 / 171

하위목표 / 142
합리모델 / 28
해결중심모델 / 41
핵심 참여자 / 136
행동주의 개입모델 / 32
행동체계 / 40
형성평가 / 24
혼합관조모델 / 28
환경 속의 인간 / 32
환류 / 45, 75
효과성 / 69
효과성 측정 / 58
효율 책무성 / 65
효율성 측정 / 58

4체계모델 / 39

SMART 원칙 / 144

저/자/약/력

■ 임중철
경기대학교 일반대학원 사회복지학 박사
현) 부천대학교 사회복지학과 교수
한국노년경제생활연구소(KIEEL) 대표
한국노인인력개발원 노인일자리 중앙현장평가위원
전) 보건복지부 실버산업육성실무추진위원회 위원

<주요 저서>
노인복지론, 사례관리 이해와 적용, 인간행동과 사회환경 외 다수

■ 김선웅
명지대학교 일반대학원 사회복지학 박사
현) 금천시니어클럽 관장
부천대학교 사회복지학과 겸임교수
전) 경기도시니어클럽협회 협회장

【제2판】
사회복지 프로그램 개발과 평가

|공저자| 임중철·김선웅

|1판 1쇄| 발행 2018년 3월 30일
|2판 1쇄| 발행 2019년 3월 5일
|2판 2쇄| 발행 2019년 10월 30일
|2판 3쇄| 발행 2021년 3월 10일
|2판 4쇄| 발행 2022년 1월 25일
|2판 5쇄| 발행 2023년 8월 10일

|발행인| 김 동 훈
|발행처| 공 동 체

|주소| 경기도 고양시 일산동구 호수로 358-39, 동문타워Ⅰ 905호(백석동)
|전화| 031) 814-3000(대표)
|팩스| 031) 814-3100
|홈페이지| http://www.compub.co.kr
|전자우편| compub@naver.com
|출판등록| 2005년 10월 6일
|등록번호| 제396-2005-36호

|ISBN| 979-11-6105-448-3
정가 **16,000**원